TEXTES A L'APPUI
psychanalyse et société
série dirigée par Gérard Mendel

W0400476

Du même auteur

La révolte contre le père. Une introduction à la sociopsychanalyse, Payot, 1968 ; traductions allemande, italienne, espagnole, portugaise, grecque ; 6e éd., Payot, 1985.

La crise de générations. Étude sociopsychanalytique, Payot, 1969 ; traductions allemande, italienne, espagnole, grecque ; 4e éd., Payot, 1981.

Pour décoloniser l'enfant. Sociopsychanalytique de l'autorité, Payot, 1971 ; traductions allemande, italienne, espagnole, portugaise, grecque, néerlandaise ; 7e éd., Payot, 1988.

L'angoisse atomique et les centrales nucléaires, avec C. Guedeney, Payot, 1973.

Le manifeste éducatif. Contestation et socialisme, avec collab. ; traductions italienne, espagnole, grecque ; Payot, 1973.

L'homme de pouvoir — I. La chasse structurale. Une interprétation du devenir humain, Payot, 1977 ; *II. Anthropologie différentielle. Le plaisir et le déplaisir*, Payot, 1972 ; *III. Pour une autre société. Après les rapports sociaux du capital*, Payot, 1975. (Traductions italienne, portugaise.)

Quand plus rien ne va de soi, Robert Laffont, 1979, 2e éd., 1985.

L'intervention institutionnelle, avec J. Ardoino, J. Dubost et A. Lévy, F. Guattari, G. Lapassade, R. Lourau ; traduction espagnole, Payot, 1980.

Enquête par un psychanalyste sur lui-même, Stock, 1981.

54 millions d'individus sans appartenance, Robert Laffont, 1983 ; 2e éd., Robert Laffont, 1985.

La crise est politique, la politique est en crise, Payot, 1985.

Mbambara, village collectif Ujaama, avec le Groupe Desgenettes, ronéoté, 1976, 230 p.

Entretiens avec des groupes d'OS (1980-1983), avec J.-F. Moreau et le Groupe Desgenettes, 2 vol. ronéotés, 341 p. et 104 p.

EDF, une culture d'entreprise (1982-1986), avec le Groupe Desgenettes, 1 vol. ronéoté.

La recherche spontanée (1983-1986), Rapport au ministre de la Recherche.

On est toujours l'enfant de son siècle. Le XXe siècle : un regard psychopolitique, Robert Laffont, 1986. (Traduction brésilienne.)

Articles

« La sublimation artistique », in *Revue française de psychanalyse*, n° 5-6, 1964, p. 729-779. (Traduction italienne.)

Sociopsychanalyse, 1, 2, 3, 4, 5, 6, 7, 8. (Traductions anglaise, italienne, espagnole.)

Préfaces

Les Droits de l'enfant (UNESCO). *Les Jeunes et le Mouvement communautaire* (éd. Complexe). *Un lycée aux lycéens, le lycée d'Oslo* (éd. du Cerf). *Enseignants, à vous de choisir !* (Payot). *Un stage d'enseignants ou la régression instituée* (Payot). *Sociopsicoanalisis y Educacion* (ECC, La Coruña, Espagne). *Couples suédois, vers un autre idéal sexuel* (Éd. universitaires). *L'enfant breton et ses images parentales* (Institut culturel de Bretagne). *La démocratie dans l'école* (éd. Syros).

Romans

Le professeur Lorin, Robert Laffont, 1958 (épuisé).

La réussite, Robert Laffont, 1960 (épuisé) ; traduction anglaise, Prentice Hall, 1966.

Le rebelle sur les collines, Robert Laffont, 1966 (épuisé) ; 2e édition, Éditions Rencontre, 1968 (épuisé).

gérard mendel

la psychanalyse revisitée

ÉDITIONS LA DÉCOUVERTE
1, place Paul-Painlevé
PARIS V[e]
1988

Si vous désirez être tenu régulièrement informé de nos parutions, il vous suffit d'envoyer vos nom et adresse aux Éditions La Découverte, 1, place Paul-Painlevé, 75005 Paris. Vous recevrez gratuitement notre bulletin trimestriel **A La Découverte.**

© Éditions la Découverte, Paris, 1988.
ISBN 2-7071-1756-0

Ouvertures

> « La biologie est vraiment un domaine aux possibilités illimitées : nous devons nous attendre à recevoir d'elle les lumières les plus surprenantes et nous ne pouvons pas deviner quelles réponses elle donnera dans quelques décennies aux questions que nous lui posons.
> « Il s'agira peut-être de réponses telles qu'elles feront s'écrouler tout l'édifice artificiel de nos hypothèses [1]. »

La psychanalyse est partout présente dans la culture de notre époque. Néanmoins elle reste, assez étrangement, très mal connue. Le public se pose à son sujet un grand nombre de questions, qui souvent étonnent les psychanalystes.

Elles les étonnent, sans plus. Certaines des questions venues ainsi de l'extérieur, du monde profane, mériteraient pourtant d'être prises plus sérieusement en considération. Ce sont celles qui portent sur les aspects les plus généraux de la psychanalyse.

Pourquoi, par exemple, l'isolement actuel de la psychanalyse parmi les sciences sociales et humaines de notre époque ? Pourquoi, alors que sa théorie des névroses est tout entière construite à partir de la pulsion sexuelle et que « la théorie des pulsions repose pour l'essentiel sur la biologie » (Freud), une coupure aussi radicale avec la biologie contemporaine ?

---

1. *Au-delà du principe de plaisir* (1919-1920), p. 110. Lorsque les citations de Freud sont traduites par l'auteur à partir de l'édition anglaise dirigée par James Strachey et publiée par Hogarth Press, cette mention bibliographique figurera sous l'abrégé Std. Ed. dans la suite de l'ouvrage.

Pourquoi la sophistication et le formalisme souvent extrêmes de ses publications (ce qui n'est jamais un bon signe), comme si, malgré sa jeunesse relative, son dynamisme initial s'était largement épuisé ?

Et, alors que ceux qui la pratiquent sont censés, par définition, se connaître un peu moins mal que le commun des mortels, comment comprendre les luttes intestines qui l'accablent, les scissions à n'en plus finir, la confusion des langues en son sein, les anathèmes jetés à tous vents, tous traits qui auraient tendance à évoquer la vie des groupuscules extrémistes, voire des sectes ? Et encore (question souvent entendue) : si, comme la psychanalyse le prétend, la vie psychique est soumise à un déterminisme intégral, à quoi donc alors est censée servir la cure ?

Comme on le voit, les questions posées à la psychanalyse depuis l'extérieur — et il en est d'autres encore que nous rencontrerons chemin faisant — appartiennent à plusieurs registres. L'auteur de ce livre, qui exerce le métier de psychanalyste depuis maintenant trente ans, pense que la psychanalyse gagnerait à ne pas les éluder. La variété même de ces questions est le signe que l'investigation doit à la fois procéder à une approche frontale et chercher loin, creuser profond. En effet, je pense que ce sont certains des présupposés *de départ* de la psychanalyse qu'il faut maintenant soumettre à une étude critique.

A certains indices, il semble que les temps soient devenus enfin mûrs pour que soit levé le tabou qui règne encore parmi les différentes tribus psychanalytiques. Il faut enfin oser le dire : les deux bases biologiques sur lesquelles Freud a entendu asseoir la théorie psychanalytique sont, aux yeux de la biologie, de pures aberrations. Or, on ne peut pas bâtir une théorie à partir de la biologie comme le fit Freud, et ne pas tenir compte de ce que dit celle-ci.

De ce divorce entre la « biologie freudienne » et la biologie tout court seraient nés, depuis l'origine, les malheurs de la psychanalyse ; ses impasses actuelles n'en seraient que de lointains aboutissants, tellement éloignés de leur cause que le lien avec elle a depuis longtemps cessé d'être perçu. Tel est le sujet de ce livre.

Les deux bases de la « biologie freudienne » sont constituées, la première, par le postulat de l'hérédité des caractères psychiques acquis, et la seconde par le postulat d'un chimisme sexuel produit et présent dans le corps tout entier et commençant à se manifester dès la naissance.

Le premier postulat était déjà récusé par la biologie, depuis des décennies, du vivant même de Freud : « Ma position, sans nul doute, est rendue plus difficile par l'attitude actuelle de la science biologique qui refuse d'entendre parler de l'hérédité de caractères acquis lors de la succession des générations. Je dois cependant confesser en toute modestie que je ne puis pourtant me passer dans ma théorie de ce facteur d'évolution biologique [2]. » Depuis ce temps, la génétique moléculaire a prouvé formellement sa non-validité.

Le second postulat se trouve énoncé en maintes parties de l'œuvre. « De plus amples réflexions [...] conduisent à attribuer à toutes les parties du corps et à tous les organes internes la qualité de zone érogène » ; « Qu'il nous suffise de retenir, comme ce qui nous paraît essentiel dans cette conception des processus sexuels, l'hypothèse de substances particulières dérivant du métabolisme sexuel [3]. » Mais s'il pouvait écrire en 1917 : « Les caractéristiques chimiques du processus sexuel, que nous pouvons soupçonner, attendent encore d'être découvertes [4] », nous savons maintenant, et depuis plusieurs décennies — et lui-même l'a su à partir de la fin des années vingt —, que de telles caractéristiques chimiques sont une vue de l'esprit sans fondements matériels. La sexualité infantile freudienne, c'est, nous le verrons, sous un nouvel habillage, la remouture du vieux « fluide vital », devenu le « fluide magnétique à la fin du XVIIIe siècle, puis avec Freud, « en étendant le concept de libido aux cellules individuelles [5] », un « fluide sexuel ». Rappelons que cette conception néo-vitaliste de la sexualité avait déjà été mise en évidence et critiquée, par Marie Bonaparte devant Freud lui-même [6].

2. *Moïse et le monothéisme* (1939), Std. Ed., 23, p. 100.
3. *Trois essais sur la théorie sexuelle*, p. 108 et 156.
4. *Introduction à la psychanalyse* (1916-1917), Std. Ed., 16, p. 320.
5. *Au-delà du principe de plaisir*, p. 110.
6. L'auteur de ces lignes se souvient d'une conférence prononcée par Marie Bonaparte dans les dernières années de sa vie à l'Institut de psychanalyse de Paris et dans laquelle elle faisait part, entre autres, du silence de Freud devant cette critique qu'elle lui adressait.

La « biologie freudienne » conjugue ainsi deux anachronismes : un néo-lamarckisme psychique, un néo-vitalisme sexuel.

Une pratique relativement satisfaisante, appuyée sur une théorie dont les bases biologiques affirmées et réaffirmées sont fausses. Une pratique qui tient debout, mais sur des pieds fantômes. Ainsi se présente la psychanalyse aujourd'hui. Une telle incompatibilité plus ou moins consciemment perçue par les psychanalystes, mais jamais reconnue et moins encore assumée, est le *cadavre exquis* caché dans ses placards. Et il n'en finit pas, ce cadavre, de distiller des poisons. Car à « biologie freudienne » irréelle, pensée psychanalytique déréelle.

Certes, on dira que, dans les sciences, le cas d'un divorce entre l'observation et la théorisation, entre une pratique efficiente et une théorie de fantaisie, n'a rien d'exceptionnel. Quelle discipline n'a pas débuté en expliquant l'action de son pavot particulier par une quelconque « vertu dormitive » ? Puis vient l'heure des rectifications, des progressions, du progrès. L'alchimie se fait chimie, et l'astrologie astronomie.

Tout le contraire, malheureusement, s'est produit dans la psychanalyse. Dans les écrits freudiens, la théorie est devenue toujours davantage une alchimie baroque, une astrologie absurde.

Nous verrons, en effet, dans ce livre, comment, devant les démentis apportés du vivant même de son auteur à la « biologie freudienne », le fondateur de la psychanalyse s'est jeté à corps perdu dans ce qu'on ne peut nommer autrement qu'une manœuvre de fuite en avant. Puisque la science condamnait ses postulats ; puisque lui-même, féru de rationalité scientifique, se refusait absolument à se considérer comme « hors-la-science » — eh bien, c'était la science officielle qui se trouvait être dans l'erreur !

Il faut accepter d'appeler par son nom la troisième et dernière théorie des Instincts qui (et ce n'est certainement pas là une coïncidence) à partir de 1919, c'est-à-dire au sortir de la Première Guerre mondiale, opposera désormais dans un « combat de Géants » (Freud) les Instincts de vie et de mort. Cette construction arbitraire de l'esprit représente une cosmologie fantasmatique, une utopie philosophico-mystique comme on en connaît maints exemples dans l'histoire de la pensée.

Cette cosmologie, censée résoudre définitivement l'énigme de la destinée humaine, constitue par ailleurs une extraordinaire entreprise de colonisation de la science tout entière, elle qui se refusait à ployer le genou devant les postulats de la « biologie freudienne ». Freud est, on le verra, tout à fait explicite sur ce point : le combat immortel des deux instincts, cette lutte qui ne connaîtra pas de fin entre l'ange de vie et l'ange de mort, commande aussi bien à l'amibe qu'à l'atome, aussi bien à l'esprit humain qu'à la gravitation universelle.

Bref, extrapolant à la Nature et au Cosmos les sentiments d'amour et de haine exprimés sur le divan par les patients, Freud, contré par la biologie des biologistes, a procédé — réponse du berger à la bergère — à une *psychologisation de la Nature et du Cosmos*, plaçant ainsi le débat sur un terrain où les scientifiques se trouvaient à l'avance disqualifiés. Puisque la science nie que la psychanalyse, tout au moins dans ses postulats biologiques, « a permis de faire de la psychologie une branche semblable à toutes les autres des sciences de la nature » (*Abrégé de psychanalyse*, 1938), ce seront désormais les sciences de la nature qui deviendront une branche de la psychologie psychanalytique : « [...] d'où il s'ensuit que dans nos efforts pour édifier la psychanalyse, nous avons aussi réalisé d'importantes découvertes en biologie tout en nous voyant obligé d'émettre quelques hypothèses relatives à cette dernière science [7]. »

Une dérive aussi manifeste a, depuis ses débuts, rencontré des opposants parmi les psychanalystes ; c'est à ces derniers que Freud, dans le même *Abrégé*, lance une pointe en parlant de ces « analystes qui s'insurgent encore » contre une façon de voir qu'Empédocle avait déjà adoptée.

Chez les non-croyants, la réflexion critique pourtant tourne court très vite. Un benoît, un souriant : « Certes, à partir d'une certaine date, Freud a écrit beaucoup de bêtises » clôt très tôt,

7. *Abrégé de psychanalyse*, p. 71.

et définitivement, la discussion. Un millésime permettrait ainsi de séparer les grands crus d'une production plus médiocre.

Plus généralement, les psychanalystes, lorsqu'ils sont mis ainsi au pied du mur, se bornent à affirmer que les deux postulats biologiques freudiens sont certes erronés, mais qu'une telle erreur pourtant n'est d'aucune conséquence sur la théorie elle-même dans son noyau principal.

Une telle affirmation mérite pour le moins discussion et toute une partie du livre lui sera consacrée. Dégageons ici brièvement certains points.

Il est vrai que, une fois dégagée de ses postulats biologiques erronés, la théorie freudienne de la vie psychique reste solide pour l'essentiel. Elle s'organise alors, à notre sens, autour de cinq grands axes : l'existence d'un « double circuit » psychique, différent selon qu'il concerne la satisfaction du besoin ou le destin de la pulsion ; la réalité du fantasme inconscient ; la présence irréductible du conflit intrapsychique ; l'activité de la compulsion de répétition ; la validité du complexe d'Œdipe.

Une telle opération de départage entre théorie de la vie psychique et postulats biologiques présente pourtant des difficultés. En effet, c'est à l'intérieur même de la théorie que les postulats poussent leurs prolongements, en particulier idéologiques. Avec la théorie des caractères psychiques acquis, qui représente en soi une véritable *biologisation de la culture*, une conception fixiste — celle d'une « nature humaine » invariable, invariante, indépendante de l'histoire — pénètre jusqu'au cœur de la vie psychique telle qu'elle est pensée par Freud.

Cette conception idéologiquement conservatrice, comme elle l'est toujours — et l'inégalité foncière entre les sexes n'est pas l'un des moindres signes du conservatisme selon Freud, avec des conséquences non négligeables à l'intérieur de la cure elle-même —, a, très tôt, coupé la psychanalyse des évolutions culturelles et sociales. En particulier, elle est responsable du fait que rien dans la théorie ne permet de penser le changement psychique lié aux transformations de la société. D'où, entre autres, l'impossibilité aujourd'hui pour les psychanalystes de comprendre « en théorie » les nouvelles structures psychiques des patients sur les divans, structures qui s'éloignent fort de celles décrites par Freud pour les sujets de l'Empire austro-hongrois.

Mais départager la théorie et ses postulats biologiques ne suffit pas.

En effet, il ne faut pas oublier que ces deux postulats étaient *la manière même dont Freud pensait le rapport de la vie psychique à ce qui n'est pas elle*, à ce qui est d'une autre nature que psychique. A savoir, l'ensemble de la réalité matérielle, biologique, sociale, historique.

Une réflexion souvent entendue chez les psychanalystes est qu'il faudrait comprendre « symboliquement » ou « métaphoriquement » la sexualité freudienne. Symbole, métaphore de quoi ? On ne le dit pas. Freud, esprit sérieux, se refusait quant à lui aux jongleries verbales. Pour lui, la sexualité n'était d'aucune manière une « métaphore » ; elle constituait une réalité d'ordre organique, et c'était cette réalité qui permettait de rassembler, d'assembler la matière et l'esprit.

Compte tenu de l'objet d'étude par nature immatériel de la psychanalyse — le transfert, du patient, le contre-transfert de l'analyste... —, si l'on souhaite enraciner matériellement la théorie, il faut nécessairement ne plus seulement opérer en son sein, *mais la prendre elle-même en considération de l'extérieur.* La « biologie freudienne » avec ses deux postulats permettait une telle mise en perspective de la théorie. C'était sans doute là une des raisons majeures du rôle que Freud tenait tant à faire jouer à « sa » biologie : articuler le subjectif et l'objectif, enraciner la vie psychique dans la chair et dans le tissu nerveux, et même dans les chromosomes.

L'Inconscient a plus d'un tour dans son sac. Chez Freud et chez ses héritiers, ne serait-ce pas finalement — subtil triomphe de l'Inconscient — la subjectivité pure qui l'aurait emporté sur le regard objectif, le fantasme qui aurait colonisé (imaginairement) la matière et la matérialité ? La théorie psychanalytique enfin libérée de toute réalité extérieure à elle-même, convertie en pure spéculation, serait ainsi devenue pour les psychanalystes comme la théorie du Grand Tout. La subjectivité du psychanalyste, bousculée par l'analysant, prendrait là tout naturellement sa revanche ; une revanche dans laquelle le refoulé qui fait retour trouverait son compte. Par ailleurs, un tel subjectivisme absolu n'est probablement pas sans rapports avec l'éclatement de la psychanalyse en multiples chapelles ni avec les querelles qui les opposent.

Ainsi pour qui ne se satisfait pas de l'idéalisme philosophique, une prise en compte qui se veut complète des conséquences négatives de la « biologie freudienne » conduit bon gré mal gré à hasarder des tentatives pour ré-enraciner, différemment de l'enracinement originel de Freud, le désir pulsionnel dans le biologique et dans le social [8].

Ce sont ces deux démarches, critique puis théorisante, qui seront respectivement à l'œuvre dans la première et la seconde partie de ce livre. A l'*Entreprise de déconstruction* succédera ainsi une *Tentative de reconstruction*.

Je ne suis nullement assuré que les pistes ouvertes dans la seconde partie soient les bonnes : qui pourrait l'être dans l'état actuel des recherches ? Ce qui m'apparaît certain, en revanche, c'est que le problème de la « biologie freudienne » existe dans les termes, qui peuvent sembler aujourd'hui un peu trop carrés ou définitifs, où il est posé ici. Un jour viendra, je suis prêt à en prendre le pari, où la « biologie freudienne » apparaîtra aussi évidemment absurde que la « physique prolétarienne », si profondément tombée dans les oubliettes de la mémoire collective qu'on en viendrait même à ne plus savoir de quoi il s'agit.

Voici maintenant près de trente ans que j'exerce le métier de psychanalyste.

Curieux métier ! Qui me paraît plus radicalement étrange aujourd'hui, à l'expérience du temps, que cette fin d'après-midi d'automne où, naguère, pour la première fois je me suis allongé sur un divan. Et plus étrange encore que cet autre jour où le premier patient « s'horizontalisa » à mon invitation comme si

8. Le présent livre n'est certes pas une tentative pour « rebiologiser » la psychanalyse d'une manière nouvelle et sur le modèle des sciences exactes ; ni non plus pour la « socialiser ». Il est une tentative pour dégager la spécificité de la « dimension psychique » donnée à connaître par Freud, mais trop peu séparée par lui, en raison d'un naturalisme réducteur, de la dimension biologique proprement dite. Mais, aussi, ce livre essaie de reconnaître les articulations imaginables aujourd'hui entre la psychanalyse et, d'une part, la biologie des biologistes et, d'autre part, certaines recherches actuelles dans le champ social. Sur la problématique actuelle psychanalyse-biologie, cf. PRIBRAM et GILL, *Freud's « Project » Re-Assessed : Preface to Contemporary Cognitive Theory and Neuropsychology* (1976) ; cf. également J. CHAZAUD, « L'idée d'orthodoxie analytique à propos de la critique des relations d'objet selon Kernberg », *Revue française de psychanalyse*, n° 6, 1986.

de rien n'était, comme si c'était là une position toute naturelle à adopter en présence d'un de ses semblables.

Étrange métier ! Il n'est pas un seul des psychanalystes avec qui j'ai pu en parler qui n'ait, à sa manière, reconnu qu'il éprouvait le même sentiment jamais blasé d'étrangeté devant les expressions de la puissance créative de l'Inconscient, devant le « caractère *démoniaque* de la compulsion de répétition » (Freud), devant les manifestations toujours aussi surprenantes, voire stupéfiantes, du transfert.

Étrange métier ! Dans lequel il serait si facile de passer définitivement de l'autre côté du miroir.

Étrange métier ! Métier « impossible », disait Freud. Au même titre, ajoutait-il, que celui de parent ou d'homme politique.

Étrange métier ! Par bien des aspects, l'existence du psychanalyste plein temps est comme une vie qui aurait été menée par procuration. Poudovkine, le cinéaste, n'avait, dit-on, pas voulu devenir médecin par peur d'être absorbé, englouti par un métier si prenant. Qu'aurait-il dit, alors, du métier d'analyste ? A la veille de la retraite, le psychanalyste plein temps aura vécu deux, trois, peut-être, centaines d'existences. A entendre certaines confidences, on peut s'interroger pour savoir s'il aura vraiment vécu sa propre vie à lui, s'il l'aura poussée à fond, menée pour son compte personnel. Ou bien, et quelquefois sur des points essentiels, n'aurait-il pas oublié de vivre, s'effaçant plus qu'à demi pour laisser vivre les autres en lui ?

Étrange métier ! L'image qui me paraît le mieux en rendre compte, tellement baroque qu'elle risque d'être mal comprise (je la livre quand même), est celle des « mères porteuses » : le psychanalyste qui prêterait, louerait, son Inconscient...

Que mes collègues, je le souhaite sincèrement, ne lisent pas comme une critique des personnes le chapitre qui traite de la « mentalité fakiriste du psychanalyste contemporain ». La critique porte, non sur eux, mais sur les conditions impossibles que leur fait vivre l'anachronisme de la théorie psychanalytique dans certaines de ses composantes. Croient-ils vraiment qu'il soit sans conséquence pour eux de vivre, dans leur tête, à l'intérieur d'un cadre mental en rupture avec la science de leur époque, et même à contre-courant d'elle ?

A l'orée du XXIe siècle, le cadre mental dans lequel pense le psychanalyste est, osons le dire, celui de la théologie médiévale. La religion du Père, *alias* le Complexe paternel génétiquement transmis. Le Péché originel, *alias* le meurtre du Père primitif à l'aube de l'humanité. La Prédestination, *alias* l'hérédité des caractères psychiques acquis ? L'Ange gardien et le Mauvais Génie, *alias* l'Instinct de vie et l'Instinct de mort qui se disputent l'âme des pauvres mortels...

La « biologie freudienne » avec ses deux postulats, c'est la poutre dont parlent les Écritures, et que personne ne parvient à voir dans son propre œil. Personne pas même, ironie suprême (mais on aurait bien tort d'en rire car elle n'est que le signe de l'éternelle faiblesse humaine), les hommes et les femmes du soupçon systématique que sont les psychanalystes.

Je tiens à remercier Yves Galifret, professeur émérite de psychophysiologie à l'université Pierre-et-Marie-Curie, d'avoir accepté de relire le manuscrit de ce livre. Ses avis m'ont été précieux. En particulier, le terme si évocateur de « biologisation de la culture » a été proposé par lui pour définir la nature des conséquences de la thèse freudienne de l'hérédité des caractères psychiques acquis.

I

Entreprise de déconstruction

1

Les deux postulats biologiques de Freud

Toute sa vie, et jusqu'à son dernier texte, Freud, esprit féru de rationalité scientifique et de matérialisme, aura voulu que, grâce à la psychanalyse, la psychologie devienne, dans une perspective naturaliste qui ne peut que fortement surprendre ses lecteurs d'aujourd'hui, « une branche semblable à toutes les autres des sciences naturelles [1] ».

C'est par l'entremise de la biologie que Freud entend établir ce lien, constamment réaffirmé par lui, entre la psychanalyse et les sciences naturelles.

Un certain nombre d'étapes chronologiques marquent ainsi dans son œuvre le raccordement étroit de la psychanalyse à la biologie par l'intermédiaire de la sexualité et de l'hérédité.

Très tôt, la relation entre la sexualité biologique et les névroses est reconnue et théorisée. Son affirmation, entre l'année 1895, date de la publication avec Josef Breuer des *Études sur l'hystérie*, et l'année 1905 où sont publiés les *Trois essais*, représente au plan clinique l'apport le plus original de Freud et, à ce titre, le plus controversé à l'époque.

La parution des *Trois essais sur la théorie sexuelle* marque une étape décisive dans le rapport de Freud à la biologie. Il défend, en effet, avec ce livre, une conception de la sexualité dans laquelle le psychologique et le biologique ne peuvent plus être disjoints ; mais dans laquelle, aussi, le domaine de la

1. *Abrégé de psychanalyse* (1938), p. 21.

sexualité se trouve considérablement élargi par rapport à l'acception commune.

Un premier élargissement concerne le domaine de la physiologie. Avec ce livre, la sexualité n'est plus limitée au seul domaine génital et ne débute plus seulement à la puberté. Dès la naissance, elle est là, tout au moins en tant que force disponible, potentielle, qui inéluctablement va se manifester. Elle s'éveille, elle se développe en s'appuyant — en « s'étayant », écrit Freud — sur les grandes fonctions vitales au fur et à mesure que celles-ci apparaissent. De fait, si Freud, dès 1905, décrit plus particulièrement une sexualité orale et une sexualité anale, il en viendra progressivement à affirmer que c'est la totalité du corps humain qui constitue une zone érogène. Ainsi qu'il le précise dans une note de 1915 : « De plus amples réflexions et les résultats d'autres observations conduisent à attribuer à toutes les parties du corps et à tous les organes internes la qualité de zone érogène [2]. » Ainsi existerait-il une sexualité cutanée, urétrale, digestive, pulmonaire, etc.

Ce qui, pour Freud, donne aux multiples formes cliniques de la sexualité corporelle et psychique leur unité d'appartenance et qui fait qu'on doive parler d'une sexualité unique, ce qui rend la *pulsion sexuelle* fondamentalement une et identique à elle-même sous des habillages variés (qui tiennent à la région du corps concernée et à la nature forcément différente des fonctions vitales sur lesquelles cette pulsion s'étaie), c'est que cette pulsion serait dépendante d'une substance chimique, elle-même unique, d'une hormone libidinale en quelque sorte, sécrétée dans les différentes parties du corps « car les glandes sexuelles ne font pas la sexualité [3] ». C'est en ce sens que le biologique et le psychique ne peuvent plus dès lors être disjoints dans la théorie freudienne.

On sait que jusqu'en 1924, à l'occasion des rééditions successives, le texte des *Trois essais* sera assez largement modifié. On peut ainsi suivre à la trace comment Freud réagit aux progrès rapides de la biochimie. En 1905, à l'époque où la biologie avait cru découvrir avec la thyroïde une autre glande sexuelle, Freud émet l'hypothèse que :

> « Sous l'effet d'une stimulation adéquate des zones érogènes, comme

---

2. *Trois essais*, p. 108.
3. *Ibid.*, p. 154.

dans d'autres circonstances susceptibles d'entraîner une excitation sexuelle concomitante, une substance répandue dans tout l'organisme se décomposerait, et les produits de cette décomposition provoqueraient une stimulation spécifique des organes de la reproduction ou du centre spinal connecté à cet organe [...] Je n'attache du reste aucune valeur à cette hypothèse particulière et je serais prêt à l'abandonner sur le champ, *à condition que son caractère fondamental, la mise en relief du chimisme sexuel*, soit maintenu [4]. »

En 1920, après les premières découvertes de la biologie concernant le chimisme sexuel et qui portent, en particulier, sur le fait que la sécrétion des hormones sexuelles s'opère uniquement dans les glandes sexuelles, le texte devient :

« Qu'il nous suffise de retenir, comme ce qui nous paraît essentiel dans cette conception des processus sexuels, l'hypothèse de substances particulières dérivant du métabolisme sexuel. Car cette thèse apparemment arbitraire est soutenue par un fait auquel on a accordé peu d'intérêt mais qui mérite néanmoins la plus grande attention. Les névroses, qui ne peuvent être imputées qu'à des troubles de la vie sexuelle, présentent la plus grande ressemblance clinique avec les phénomènes de l'intoxication et de l'état de manque résultant de l'ingestion habituelle de substances toxiques (alcaloïdes) qui procurent du plaisir [5]. »

Nous verrons plus loin dans le détail pourquoi Freud ressent la nécessité absolue de s'accrocher à l'idée d'une substance chimique unique — la libido — qui serait à l'œuvre sous les manifestations de la sexualité. Dit ici en une phrase : cette nécessité tient à ce que, en l'absence d'une telle substance chimique, aucun argument définitif — il le reconnaît lui-même — ne permettrait de parler de sexualité orale, par exemple, plutôt que de *plaisir* d'organe, de *plaisir* oral. Les deux hypothèses sont étroitement liées, celle d'une sexualité élargie et celle d'un chimisme libidinal à la fois unique et diffus dans tout le corps. Et une troisième hypothèse les coiffe en s'appuyant sur elles, celle qui se trouve au cœur de la théorie psychanalytique, à savoir que l'unité du champ des névroses tient au fait qu'elles ont en commun une origine sexuelle.

---

4. *Trois essais*, p. 156-157.
5. *Ibid.*

A propos des conceptions biochimiques de Freud, il y a, c'est bien évident, un problème d'époque à prendre en compte. Le mot « hormone » ne date que de 1905. Et si on a commencé dès le début des années vingt à pratiquer des ablations ou des greffes et des implantations afin de déterminer les mécanismes tissulaires et chimiques à l'œuvre dans la sexualité, ce n'est qu'entre 1929 et 1953 que les différentes hormones stéroïdes sexuelles ont été identifiées puis synthétisées. Une telle identification a ruiné à la base l'hypothèse freudienne, en montrant que seulement une partie limitée du corps — les glandes sexuelles et, de manière très secondaire, les glandes surrénales — sécrétaient les hormones sexuelles (et non pas une seule). Biochimiquement, aucune substance sexuelle, simple ou dégradée, n'apparaît au niveau bucco-lingual chez le nourrisson, substance sexuelle qui aurait sous-tendu la sexualité orale et légitimé une telle appellation.

Par ailleurs, la croyance de Freud — logique à l'intérieur de son système — que les névroses allaient, puisque liées à des dysfonctionnements sexuels, pouvoir être traitées et guéries par la biochimie, par des injections d'hormone sexuelle, s'est trouvée très vite battue en brèche par l'expérimentation. Est-ce pour ces raisons que Freud, à partir de 1924, ne retouche plus les *Trois essais* ? Pourtant, en 1938, dans l'*Abrégé*, il écrira encore : « L'avenir nous apprendra peut-être à agir directement, à l'aide de certaines substances chimiques, sur les quantités d'énergie et leur répartition dans l'appareil psychique. »

A propos de l'ensemble de ces faits, le livre du psychanalyste Richard Sperba, qui vécut au contact de Freud durant les années 1924-1938, nous restitue l'état d'esprit de celui-ci à l'époque :

> « La théorie freudienne des névroses est fondée sur le conflit existant entre les pulsions libidinales et les pulsions agressives ou entre les structures psychiques pulsionnelles et antipulsionnelles, et Freud concevait la pulsion comme le représentant psychique d'un besoin biologique exigeant satisfaction. Il espérait donc qu'un jour on découvrirait les agents psychochimiques qui se trouvent à la base des pulsions. Au cours des années vingt, l'étude des hormones domina le champ de la biochimie. La découverte des hormones sexuelles accrut l'espoir que l'on guérirait les névroses puisque les névroses étaient causées par un conflit sexuel. Deux médecins acquirent une certaine notoriété pour avoir essayé de traiter la maladie mentale par les hormones sexuelles (Steinach et Voronoff). Freud qui avait

quelque peu accrédité l'hormonothérapie en vint à craindre qu'elle ne fût utilisée à tort et à travers. C'est à une réunion où nous parlions de cette thérapie qu'il nous dit de faire avec les patients névrosés autant de vraie recherche psychanalytique que nous pouvions, car il craignait que notre temps ne fût compté : "Je me sens, nous dit-il, comme un explorateur actif qui sait que dans peu de temps la glace va tout recouvrir et que l'hiver arctique rendra impossible toute autre exploration. Je me sens comme un voyageur dans le brouillard et qui entend derrière lui des pas se rapprocher. Atteindra-t-il son but avant d'être écrasé par l'ennemi qui le poursuit ?"
« Il comparait les "hommes aux hormones avec la seringue" à un géant aveugle dans un magasin de porcelaine, et le chercheur en psychologie à un nain doué de vue. Le nain pourrait bien être capable de guider le géant aveugle et l'empêcher de faire trop de dégâts. Les appréhensions de Freud concernant l'hormonothérapie se révélèrent sans fondement : le traitement, inefficace, fut bientôt abandonné [6]. »

Freud s'était, là, beaucoup avancé, et sur un terrain qui n'était pas le sien, en faisant dépendre explicitement de cette science la confirmation de ses hypothèses cliniques à propos d'une sexualité « élargie ». La biologie se dérobant, comment réagit-il ?

Rappelons tout d'abord que c'est au cours de ces mêmes années, ou plus exactement un peu plus tôt entre 1919 et 1923 [7], que s'opère le grand tournant doctrinal qui l'amène à poser l'agressivité comme une pulsion à part entière s'opposant à la pulsion sexuelle, et à élargir le cadre de cette opposition à l'ensemble des phénomènes vivants, et même inanimés, inorganiques, en formulant l'hypothèse d'un combat général de l'Instinct (ou de la pulsion) de vie et de l'Instinct (ou de la pulsion) de mort. Quant à ce que nous nommons son « vitalisme sexuel », Freud persiste et signe : « [...] En étendant le concept de libido aux cellules individuelles, nous vîmes la pulsion sexuelle se transformer en Éros, qui cherche à provoquer et à maintenir la cohésion des parties de la substance vivante... [8]. »

6. Richard SPERBA, *Réminiscences d'un psychanalyste viennois*, p. 105-106.
7. 1919 est l'année où Freud écrit *Au-delà du principe de plaisir* et 1923 celle où il publie *Le Moi et le Ça*.
8. *Au-delà du principe de plaisir*, p. 110, note 16.

Nous verrons plus avant, et nous essaierons d'en comprendre les raisons, liées, à notre sens, à l'opposition de la biologie à ses propres vues, comment Freud, depuis ces années vingt et jusqu'à sa mort, va s'enfoncer de plus en plus dans ce qu'on ne peut qu'appeler un « délire » cosmogonique relativement bien contrôlé. Dans le même temps, il estime, paradoxalement, qu'il se tient là ferme sur le terrain des sciences naturelles. La psychanalyse, écrit-il dans l'*Abrégé* de 1938, a créé de « nouvelles hypothèses biologiques ».

Pour l'observateur la conclusion est sans ambiguïté possible. La « preuve », dont Freud dès le début, dès 1905, attendait la confirmation de ses vues sur la sexualité « élargie », est devenue au long des années une contre-preuve. Dès lors, la théorie psychanalytique peut-elle, doit-elle conserver le concept de sexualité « élargie » ?

Nous essaierons de répondre à cette question dans la seconde partie de ce livre. Nous y défendrons la thèse — exactement inverse de celle de Freud — que, d'une manière générale, l'excitation et le plaisir ne témoignent pas de la mise en jeu de la pulsion sexuelle, mais que, tout au contraire, c'est le plaisir sexuel qui est un cas particulier (et, certes, particulièrement important pour des raisons diverses et nombreuses et qui s'ajoutent) d'un phénomène-plaisir plus général et biologiquement fondé, ainsi que paraissent le montrer diverses avancées des neuro-sciences depuis un certain nombre d'années. Ce serait le plaisir qui serait *fondateur* et premier, et non la sexualité. A la phrase de Freud, indéfendable biologiquement : « Puisque le besoin de suçoter [chez le nourrisson] tend à engendrer du plaisir, il peut et il doit être qualifié de *sexuel*[9] », nous opposerions cette autre phrase : puisque l'autostimulation de diverses parties du corps par l'enfant (dont celle des organes génitaux) engendre chez lui du plaisir, cette autostimulation peut et doit être considérée comme étant sous la dépendance d'un phénomène biologique fondamental, qui est le plaisir.

9. *Abrégé*, p. 14, souligné par Freud.

Le second des postulats biologiques de Freud concerne l'hérédité.

Si le premier postulat, celui qui lie sexualité élargie et chimisme sexuel, est posé tel et affirmé dès les premières formulations de 1905, ce ne sera que progressivement que Freud deviendra catégorique à propos du second postulat, qui concerne, lui, une hérédité des caractères acquis. Tout un cheminement, au moins dans la formulation, existe entre *Totem et tabou* (1913) et *Moïse et le monothéisme* (1934-1939).

Sexualité et névroses, c'était là, nous l'avons vu, un thème considéré comme essentiel par Freud dès ses premiers écrits psychanalytiques, tout au moins dans l'acception d'une sexualité encore réduite à la génitalité. En revanche, ainsi que l'indique James Strachey, « [...] ce point particulier de la possibilité d'une hérédité d'expériences ancestrales est apparu relativement tard dans les écrits de Freud [10] ».

La manière dont Freud formule sa pensée sur ce thème peut être suivie dans divers textes. « De quels moyens une génération se sert-elle pour transmettre ses états psychiques à la génération suivante ? », interroge le Freud de *Totem et tabou* [11]. Sa réponse de l'époque paraît pourtant déjà plus nette que ne l'indique Strachey (qui parle de *non commital reply*, de « réponse non compromettante »). En effet, Freud écrit : « La transmission directe par la tradition à laquelle on est tenté de penser tout d'abord est loin de remplir les conditions voulues. [...] Cette continuité [de la vie psychique des générations successives] est assurée, en partie, par l'hérédité des dispositions psychiques qui, pour devenir efficaces, ont cependant besoin d'être stimulées par certains événements de la vie individuelle. C'est ainsi qu'il faut interpréter le mot du poète : "Ce que tu as hérité de tes pères, acquiers-le pour le posséder." »

Ce que Freud vise explicitement dans la transmission, c'est la culpabilité à l'œuvre en chaque enfant et qui, par des étapes successives, va se focaliser, se nouer entre trois et cinq ans dans

10. On trouvera un résumé de cette évolution dans le commentaire de James STRACHEY, Std. Ed., 23, p. 102. Par ailleurs, une étude d'ensemble des positions anthropologiques de Freud a été récemment publiée ; elle insiste sur les conséquences et les implications de la thèse biologique (erronée) concernant l'hérédité des caractères psychiques acquis, Edwin R. WALLACE, *Freud and Anthropology*, IV (1983).

11. *Totem et tabou*, p. 217.

le conflit œdipien avec le père. Cette culpabilité innée et d'ordre psychique — vrai péché originel qu'aucun baptême ne peut effacer, pas même celui de la cure — serait la conséquence d'un événement survenu à l'aube de l'humanité et qui aurait marqué son vrai début et le passage de la nature à la culture : lorsque les fils, alliés entre eux, mirent à mort le chef de la horde primitive, leur père.

Ainsi un événement historique se serait inscrit en tant que « caractère acquis » de l'espèce, et cela avec des conséquences non mineures puisque, héréditairement transmissible, il porterait en lui rien moins que la spécificité du genre humain.

Pour la biologie des biologistes, aussi directement concernée ici que pour ce qui est de la sexualité, une telle hérédité d'un caractère acquis, et à plus forte raison s'il est d'ordre psychique, ne peut tout simplement pas exister. Le néo-lamarckisme psychique de Freud était déjà anachronique et antiscientifique en 1913, et il l'est plus encore aujourd'hui avec les progrès de la génétique moléculaire.

Dans *Moïse et le monothéisme*, le fait nouveau est que le conflit avec la biologie des biologistes est ouvertement reconnu, et que l'affirmation de cette hérédité vécue du parricide originel est maintenant formulée sans les précautions d'antan : « Ma position, sans doute, est rendue plus difficile par la présente attitude de la science biologique, qui refuse d'entendre parler d'une hérédité des caractères acquis chez des générations successives. Je dois pourtant confesser en toute modestie que je ne puis néanmoins me passer de ce facteur dans l'évolution biologique. »

Et Freud insiste. C'est bien probablement à propos de la citation plus haut rapportée de *Totem et tabou* qu'il fait son autocritique : « Quand j'ai parlé de la survivance d'une tradition chez un peuple ou de la formation du caractère [national] d'un peuple, j'avais davantage en tête une tradition héritée de cette manière [phylogénétique] que celle transmise par la communication. Pourtant je n'établissais pas suffisamment la distinction entre les deux et je n'assumais pas clairement mon audace [12]. »

Dans le même texte, Freud indique explicitement pourquoi la théorie psychanalytique « ne peut pas se passer » de la théorie

12. *Moïse et le monothéisme*, Std. Ed., 23, p. 99-100.

de l'hérédité des caractères acquis : « Le comportement des enfants névrotiques envers leurs parents dans le complexe d'Œdipe et de castration abonde en réactions qui semblent injustifiées dans le cas individuel et deviennent intelligibles grâce à la phylogenèse — par leur connexion avec l'expérience des générations antérieures. »

Par ailleurs, cette théorie génétique permet, écrit-il, de relier la psychologie individuelle et la psychologie collective : « Cette évidence [de la phylogenèse] nous semble suffisamment forte pour postuler son existence. Si tel n'était pas le cas, nous n'avancerions pas d'un pas dans le chemin où nous sommes entrés, que ce soit en analyse ou dans la psychologie de groupe. L'audace ne peut pas être évitée. »

Enfin, cette même théorie permet de rapprocher ce qui est de l'homme et ce qui est de l'animal : « La position chez l'animal humain ne serait pas fondamentalement différente. Son propre héritage archaïque correspond à ce que sont les instincts chez les animaux, quand bien même il est différent dans ses limites et dans ses contenus. »

Notons au passage qu'un argument utilisé par Freud en faveur de la présence de l'héritage phylogénétique, et considéré par lui comme majeur, est que l'information transmise par la simple communication sociale « ne bénéficierait jamais du privilège d'être libéré[e] de la contrainte de la pensée logique. Il [l'héritage phylogénétique] doit avoir enduré le destin d'être refoulé, avoir supporté la condition d'un long dépôt dans l'Inconscient, avant d'être capable d'effets aussi puissants, lorsqu'il fait retour, que de mettre les masses sous son sortilège, ainsi que nous l'avons vu avec étonnement, et jusqu'à présent sans le comprendre, dans le cas de la tradition religieuse. Et cette considération pèse lourdement en faveur de notre croyance que les choses sont réellement arrivées telles que nous avons essayé de les peindre ou, à tout le moins, d'une manière similaire ». Et, certes, l'argument est sérieux, mais ne pèse-t-il pas le même poids si l'on prend en compte, comme nous essaierons de le faire plus avant, le passage par un Inconscient ontogénétique ?

Disons ici quelques mots de la découverte récente (1983) d'un manuscrit de Freud (1915) que l'on croyait détruit, et qui est le douzième et dernier des textes métapsychologiques écrits par lui [13].

Son intérêt quant au thème que nous examinons ici est considérable. En effet, dans ce texte, les caractères acquis héréditairement ne transmettent plus seulement le trauma originel, le parricide — « le grand événement par lequel la civilisation a débuté et qui, depuis lors n'a cessé de tourmenter l'humanité » —, mais ils transmettent également aux générations actuelles rien moins que les *formes mêmes des névroses*. Névroses et psychoses deviennent ainsi les héritages conservés des grandes étapes climatiques traversées par l'humanité au cours de son histoire, avec leurs effets psychologiques sur l'espèce humaine.

Avec, par exemple, l'irruption de la période glaciaire succédant de manière contrastée à un âge d'abondance, « l'humanité est devenue universellement *anxieuse* [...]. Un certain nombre d'enfants apporte en naissant l'anxiété qui provient de l'époque glaciaire ». Les temps difficiles se prolongeant, il y eut conflit (« conflit qui trouve son expression dans la plupart des cas typiques d'hystérie ») entre le désir de conservation et le désir de reproduction : « Ainsi régresse également à l'hystérie de conversion quiconque y est (pré-) disposé, spécialement la femme sous l'influence des interdits qui visent à éliminer la fonction génitale, alors que les impressions

13. *Vue d'ensemble des névroses de transfert.* Signalons le très remarquable commentaire de ce texte par Ilse GRUBRICH-SIMITIS, *Métapsychologie et métabiologie*, p. 97-156. On pourra lire également, en contrepoint, un commentaire d'un autre auteur (Patrick LACOSTE, *Destins de la transmission*), favorable à la « biologie freudienne » (« il n'y a pas de théorie "pseudo-scientifique" qui ne comporte, comme le délire, sa part de vérité », p. 200). Dans le texte de Ilse Grubrich-Simitis sont soulignés les rapports de la pensée de Freud et de celle de Sandor Ferenczi avec l'œuvre de Lamarck. Il est clairement rappelé que pour la génétique moléculaire les modifications portant sur le phénotype individuel ne sont pas transmises au génotype, ce qui infirme totalement l'hypothèse freudienne. Pas d'hérédité des caractères acquis pour la biologie des biologistes. Patrick Lacoste n'a sans doute pas tort lorsqu'il écrit : « Avec la transmission des caractères acquis, Freud suit obstinément la piste de la puissance des pensées, celle qui le mène en 1921 à l'affirmation d'un "transfert de pensées" et cela l'oriente vers l'occultisme et non vers la métabiologie. » Rappelons que pour Ferenczi, dont Freud est très proche à cette époque, la pensée inconsciente pouvait agir matériellement sur le corps, et de telles modifications pouvaient devenir héréditaires et transmissibles. Le désir individuel fabrique du réel, et qui le demeure au long des générations. Bien évidemment, nous sommes ici dans la sphère archaïque de la pensée magique et de la toute-puissance des idées, si souvent, par ailleurs, dénoncée comme une illusion par Freud et opposée par lui à la pensée rationnelle et scientifique. Contradiction...

précoces d'un grand pouvoir d'excitation [la] poussent à l'activité génitale. » Et, poursuit Freud, « la suite du développement est facile à construire. Les caractères psychologiques qui se développeront adaptativement sont ceux que répète à notre époque la névrose obsessionnelle ». Sont ensuite décrits comme répétant des périodes historiques antérieures précises l'homosexualité, la paranoïa, la mélancolie-manie [14].

Ainsi, donc, Freud a construit la théorie psychanalytique sur deux piliers appartenant à une autre discipline que la sienne : la biologie. Les deux piliers sont, nous venons de le voir, celui d'une conception élargie de la sexualité et celui de l'hérédité des caractères psychiques acquis. Or, l'existence même de ces deux piliers a été récusée par les biologistes du temps même de Freud, et l'est plus encore maintenant avec les progrès de la biochimie et de la génétique moléculaire.

Dans les chapitres suivants nous chercherons à comprendre les raisons des choix de départ de Freud, qui n'allaient nullement de soi, puis le pourquoi de ses obstinations. Nous essaierons ensuite d'évaluer les conséquences négatives sur la psychanalyse et pour les psychanalystes de la non-remise en question de tels choix.

Troublante cécité ! Freud estimait que la théorie psychanalytique, quant aux thèmes majeurs du conflit œdipien et de la castration, « ne peut pas se passer » de la thèse de l'hérédité des caractères acquis. Et alors que la preuve est faite de longue date déjà que cette thèse n'est que vue fantaisiste, les psychanalystes pourtant continuent de refuser de s'interroger sur un problème aussi fondamental !

Signalons une curieuse tentative de solution proposée par certains d'entre eux. Nous nous trouvons, semblent-ils dire, devant deux apories, c'est-à-dire, au sens littéral, devant deux difficultés *sans issue*. Additionnons-les ; et, de la même manière que deux négations équivalent à une affirmation, on peut espérer que naîtra une possibilité de solution à partir de deux impossibilités. C'est ce sentiment que l'on éprouve en lisant les

---

14.· *Vue d'ensemble des névroses de transfert*, p. 35.

propositions de deux théoriciens réputés à propos des « fantasmes originaires [15] ». Résumées par les auteurs eux-mêmes (qui font « des réserves » à propos de la théorie d'une transmission génétique héréditaire), ces propositions attribuent « l'universalité des structures » des fantasmes originaires (scène primitive, castration, séduction) à leur « mise en liaison » avec une autre universalité, celle du complexe d'Œdipe, ce dernier se trouvant défini par « le contenu de la vie sexuelle infantile », contenu uniforme et dans lequel « le père [y] assume le rôle de l'ennemi sexuel ».

Ainsi, pour éviter un mauvais pas (les « réserves ») quant à ce qui est de l'hérédité « freudienne », on se rabattrait sur une autre catégorie, pourtant elle aussi expressément « réservée », celle de la sexualité infantile, dont il est dit — à l'article « sexualité » — qu'elle est « difficile à saisir », qu'elle est « une difficulté majeure de la théorie freudienne de la sexualité ». Et, dans un raisonnement circulaire, les fantasmes originaires qui, à l'instant, se trouvaient être validés par « le contenu de la vie sexuelle infantile » se voient maintenant devenus « la solution à cette difficulté (majeure de la théorie freudienne de la sexualité) » qu'est la sexualité infantile [16]. Bref nous assistons au spectacle de deux apories (reconnues fort honnêtement comme telles par les auteurs), dont chacune, par le fait qu'elle existe elle-même comme non-issue, offrirait une issue à l'absence d'issue de l'autre. L'aporie de la sexualité « élargie » devient issue pour l'aporie de l'hérédité des caractères psychiques acquis, et réciproquement.

Il est manifeste que, à partir du moment où la sexualité infantile a cessé de pouvoir s'appuyer, comme l'avait cru Freud, sur un fondement matériel, organique, elle est devenue un *être métaphysique,* non sans conséquences sur le mode de pensée des psychanalystes.

Et, pour reprendre en l'élargissant à la théorie, ce qu'écrivait récemment une psychanalyste : « Le corps est à l'heure actuelle le grand absent des cures analytiques et l'omniprésent des ouvrages de psychanalyse » [17]. Un omniprésent, certes, mais dans le registre d'un discours déconnecté de toute réalité matérielle.

---

15. Laplanche et Pontalis, *Vocabulaire de la psychanalyse*, PUF, 1re éd., p. 159.
16. *Ibid.*, p. 446 et 447.
17. Gisèle Harrus-Revidi, *La vague et la digue,* Payot, 1987. Ce sont les premières lignes du livre.

2

Les deux postulats et le mécanisme de l'interposition chez Freud

La fixation de Freud aux deux postulats biologiques de la sexualité « élargie » et de l'hérédité des caractères acquis soulève plusieurs ordres de questions. Pourquoi ces choix, dont c'est peu de dire qu'ils ne s'imposaient pas au départ ? Pourquoi une telle obstination à les maintenir malgré le déni catégorique des biologistes, alors qu'il est revendiqué clairement par ailleurs l'impossibilité à se passer de la biologie (« la théorie des pulsions repose pour l'essentiel sur la biologie ») ? Pourquoi, enfin, à partir des années vingt, l'élargissement — ne vaudrait-il pas mieux dire : l'éclatement, la rupture ? — vers une cosmogonie fantastico-mythologique des Instincts de vie et de mort, laquelle, de simple hypothèse qu'elle était au départ, devient en quelques années une conviction absolue ? Telles sont les questions que l'on ne peut éviter de se poser.

On ne peut non plus éviter de penser que l'approche de ces questions se trouve liée à la compréhension des mouvements pulsionnels et défensifs chez Freud. En ce sens, un processus psychique paraît de tout temps avoir joué un rôle de facilitation de la recherche et de la création chez Freud : l'*interposition*. Avant de montrer comment la prise en compte de ce processus pourrait permettre de comprendre les choix de départ des deux postulats de la « biologie freudienne », nous voudrions exposer d'abord la place tenue par l'interposition chez Freud [1].

---

1. Nous avons développé ce thème dans *Anthropologie différentielle* (1972). Cf. en particulier le chapitre 3 de la Première Partie, « Freud : les cinq grandes années (1892-1897) et le franchissement des quatre obstacles successifs ».

Notre hypothèse de fond est que, pour avancer dans la compréhension des mécanismes inconscients, Freud a utilisé constamment, et avec une capacité tout à fait exceptionnelle, le mécanisme de l'interposition.

En effet, à observer son cheminement, de la fin de l'année 1892, date de sa première grande découverte (celle de la *mésalliance*) alors qu'il utilise la méthode cathartique sous hypnose, jusqu'à l'année 1901 qui marque la fin de son auto-analyse et l'éloignement définitif d'avec Wilhelm Fliess [2], on éprouve le curieux sentiment d'une véritable « fuite en avant » ; l'issue en a été heureuse, mais l'impression est forte qu'elle aurait pu se terminer tout autrement, par une décompensation. Freud aurait été ainsi la première réussite thérapeutique de la psychanalyse.

A se rapprocher de ses patientes hystériques, Freud, en effet, risque bien davantage qu'un Breuer [3]. Ce qui est excité en lui inconsciemment ne peut, dans son cas particulier, s'apaiser par une mise à distance « géographique », avec un simple voyage à Venise comme ce fut le cas pour Breuer. Ici, on ne peut qu'évoquer la relation très particulière qui fut sienne avec sa jeune mère, dont un des fils de Freud, Martin, dans un livre biographique, parle comme d'un « cyclone émotionnel », d'une femme « aussi impétueuse qu'une tornade ». Il paraît hors de doute, à la lecture de ce portrait, que la puissante force de la nature que fut Amalia Freud, morte à 95 ans, possédait dans son caractère (et, aussi, par la branche galicienne de la culture juive à laquelle elle appartenait par sa famille) des composantes hystériques assez nettes.

Tout paraît s'être passé dans le cheminement de Freud durant ces années comme si une nécessité quasi vitale l'eût contraint à inventer ou à découvrir des *interpositions* protectrices entre

---

2. Wilhelm Fliess (1858-1928). Médecin berlinois qui fut l'ami de Freud entre 1887 et 1902. Les lettres que Freud lui adressa, éditées en 1950 dans le volume *La Naissance de la psychanalyse*, permettent de suivre l'évolution intellectuelle du fondateur de la psychanalyse durant toutes ces années, et à partir de 1897 elles donnent à voir les progrès de son auto-analyse.

3. Josef BREUER (1842-1925). Médecin et physiologiste viennois. Il joua un rôle très important auprès de Freud dans les années 1880 et 1890. Ce fut lui qui entretint Freud du cas d'Anna O. Il publia en 1895 avec Freud les *Études sur l'hystérie*.

ses patientes et lui, entre leur Inconscient et le sien propre, interpositions érigées en théories générales. Ces théories pouvaient être, selon les cas, tantôt valides (la « mésalliance », par exemple, sur laquelle nous allons revenir), tantôt erronées, tout au moins en tant que lois générales, telle la théorie de la séduction par les parents.

Il se créait là, entre la patiente (représentant le pôle pulsionnel) et le Moi de Freud à la recherche d'autodéfenses contre la pulsion, un équivalent, presque un analogon, de ce qu'est l'appareil psychique : Inconscient refoulé, défenses inconscientes (mais non refoulées) et Moi. Ainsi, tout ce qui était découvert (inventé) dans la relation à deux avec la patiente devenait le matériau pour une construction théorique de l'appareil psychique. Ce que Freud faisait ainsi, sans le savoir, en dessinant un modèle de psyché, c'était la mise au jour de ses propres défenses « interpellées » dans la relation avec ses patientes et ses patients.

Chaque nouvelle interposition permettait un aménagement particulier de la relation inconsciente entre Freud et ses patientes. Cela, en particulier mais non exclusivement, par le biais d'un renforcement du Moi conscient : une « intellectualisation » de la relation grâce à la meilleure connaissance de sa nature précise. La théorisation protégeait ainsi contre le risque des identifications primaires ou fusionnelles. Cela aide d'ailleurs à comprendre pourquoi la psychanalyse n'a jamais manqué de théoriciens. Dans le *Disséminaire*, Viderman insiste, lui aussi, sur l'aspect défensif de la théorisation psychanalytique.

Mais, aussi, chaque nouveau progrès dans l'interposition et la mise à distance, par le fait même qu'il aménageait la relation, permettait à cette relation de durer et de s'approfondir. Il est évident qu'en 1896, par exemple, Freud travaillait à un niveau plus profond de l'Inconscient de ses patientes qu'en 1892. D'où, après l'analyse de ses autodéfenses, la nécessité d'une auto-analyse de son propre Inconscient.

Après chaque progrès défensif, le même problème se reposait à neuf assez vite ; l'« épreuve du feu », un moment dominée, reprenait ; d'où la nécessité d'avancer, de toujours avancer, sous peine, pour Freud, les enchères ayant monté, d'une décompensation névrotique. Ce n'est pas sans raisons précises que Jones a pu écrire dans sa biographie de Freud : « Nombre de faits prouvent que pendant une dizaine d'années environ — disons de 1890 à 1900 — il souffrit d'une psychonévrose fort grave[4]. » Tant que Freud n'eut pas atteint à la connaissance de son propre Inconscient, et cela en pouvant bénéficier de l'appui que représentait le transfert sur Fliess, il se trouva à la merci d'un épisode pathologique aigu.

Pour illustrer cette hypothèse prenons l'exemple de la « mésalliance », à savoir la découverte par Freud que l'amour des patientes à son égard ne s'adressait pas personnellement à lui et n'était que le reflet illusoire *ici et maintenant* d'un sentiment éprouvé dans le passé pour un quelconque amoureux. Il faudra attendre 1897 et un travail acharné tant avec ses patientes que sur lui-même — à partir, donc, du début de son auto-analyse en 1896 après la mort de son père cette même année — pour que le « quelconque amoureux », l'*homo qualunque*, soit reconnu, chez ses patientes, comme étant le père.

La « mésalliance », que Freud nomme aussi la « fausse association », et qui est le premier grand pas vers la compréhension de la véritable nature du transfert, est déjà en soi une découverte majeure en psychologie. Sa compréhension avait échappé pendant un siècle aux praticiens du magnétisme animal. Breuer, coauteur des *Études sur l'hystérie*, ne s'y était pas trompé, qui écrivait à ce propos : « C'est, je crois, la chose la plus importante que nous ayons à révéler au monde. » En effet, que la magnétisée éprouvât des sentiments amoureux, des désirs sexuels, pour le magnétiseur, la chose était bien connue depuis les dernières années du XVIIIe siècle et avait même été l'une des causes, après le rapport de Bailly à Louis XVI, de la condamnation du magnétisme animal. Ce que Freud apportait de révolutionnairement novateur était le fait de savoir que la relation hypnotique ne créait pas la relation amoureuse, mais ne faisait que reproduire une ancienne relation amoureuse, n'était pas du nouveau, mais de l'ancien, du déjà vécu. Une « tierce personne » (à propos de l'identité de laquelle on allait pouvoir mener avec la patiente une véritable enquête investigatrice) *s'interposait* maintenant entre la patiente et Freud, le protégeant objectivement. Qu'une patiente fasse mine de se jeter à son cou, comme la chose était arrivée à Breuer avec

4. Ernest Jones, *Vie de Freud*, PUF, 1958, I, p. 335.

Anna O., obligeant celui-ci à mettre fin au traitement, et Freud pouvait maintenant affronter sereinement la situation puisqu'il ne s'agissait là que d'un quiproquo à révéler comme tel à la patiente. Pourtant la découverte qui permettait ainsi de pérenniser et d'intensifier la relation à deux devenait à son tour chez Freud, par là même, la cause d'un accroissement de l'excitation pulsionnelle et fantasmatique inconsciente, la cause d'un trouble contre-transférentiel de plus en plus net.

C'est en ce sens que nous parlons, durant ces années, d'une véritable fuite en avant : il fallait avancer dans la théorie afin de se protéger par la théorie.

D'où l'accent mis par Freud sur les interpositions « défensives ». Ce n'est évidemment pas une coïncidence si la seconde grande découverte de Freud, après le premier pas fait ainsi avec la théorie de la mésalliance, vers la compréhension de la véritable nature du transfert, et qui est d'une importance encore plus fondamentale, est celle de la notion de *résistance*. Ce qui s'oppose à la prise de conscience du passé, ce qui est responsable de l'« oubli », ce n'est pas (comme le pense Breuer et comme le pensera Pierre Janet) le fait que les épisodes passés (et hors conscience) auraient été vécus à l'époque dans un état psychique particulier, l'état hypnoïde, qui par son caractère même serait hors conscience. La vraie cause de la mise hors conscience, de l'« oubli », c'est une résistance du Moi. Avec cette découverte majeure s'ouvre le grand chapitre de la connaissance des mécanismes de défense du Moi et du refoulement. Dès lors, c'est une conception entièrement nouvelle de la vie psychique qui apparaît, avec la notion qu'elle est soumise en permanence à un conflit irrémédiable et sans fin possible.

Pourtant même la connaissance de l'existence d'un mécanisme défensif et « refoulant » ne peut suffire, à partir d'un certain moment, à protéger psychologiquement Freud. Il s'est approché trop près de l'Inconscient, il ne peut plus maintenant éviter de l'affronter. Une intense excitation fantasmatique et pulsionnelle le contraint à l'auto-analyse du « refoulé ». A savoir : qui est derrière le masque du transfert et à quelle sorte de réalité la résistance s'oppose-t-elle ? Une autre *interposition* va, par bonheur, se mettre alors en place, celle de Fliess comme objet du propre transfert de Freud. C'est dans une relation triangulaire dont chaque élément joue un rôle indispensable —

patientes hystériques (la mère) ; Fliess (un père idéalisé, tout au moins dans les années capitales 1897-1898 de l'auto-analyse, et qui verrouille ainsi le risque d'une régression trop profonde) ; Freud en quête de ses souvenirs de la petite enfance, Freud, à la fois enfant (par exemple par rapport à Fliess) et théoricien — que l'auto-analyse peut continuer de progresser.

Dans ces années où naît la psychanalyse, et avec elle une autre psychologie, rien, à aucun moment, n'était gagné d'avance. Le Freud bourgeoisement établi et prématurément vieilli nous cache le Freud aventurier et risque-tout, qui écrivait en 1900 à propos de lui-même : « Je ne suis ni un savant, ni un expérimentateur, ni un penseur. De par mon tempérament je ne suis qu'un conquistador, un aventurier, avec la curiosité, l'audace et l'entêtement propres à ce type d'hommes. »

Au cours de son auto-analyse, Freud, on le sait, va découvrir les sentiments amoureux qu'il a éprouvés durant son enfance, envers sa mère — la *libido ad matrem* (ainsi s'exprime-t-il dans une lettre à Fliess) de l'âge phallique et œdipien —, et il va reconnaître l'ambivalence, datant également de l'enfance, de ses sentiments envers son père. Le conflit œdipien triangulaire se trouve alors exposé en pleine lumière.

Ce qui pourtant n'apparaîtra pas durant l'auto-analyse de Freud — et qui sera probablement à l'origine de l'échec de la cure avec Dora [5] —, c'est l'ambivalence de la relation à la mère.

Dans son œuvre, Freud fera en effet de la relation entre la mère et le fils le seul rapport humain déchargé de toute ambivalence : « Seul le rapport au fils apporte à la mère une satisfaction illimitée. C'est d'ailleurs la plus parfaite, la plus facilement libre d'ambivalence de toutes les relations humaines [6]. »

La seule hostilité éprouvée par le fils envers la mère sera, dans cette perspective, conçue comme tardive, ne survenant qu'à l'occasion du conflit œdipien dans sa forme négative, à savoir quand la mère devient une rivale pour le fils qui aime son père.

Or, l'évolution de la psychanalyse depuis les dernières décennies s'est faite en insistant sur l'importance psychique de

5. Le traitement de cette jeune fille de 18 ans se déroula d'octobre à décembre 1900 et fut publié par Freud en 1905.

6. *Nouvelles Conférences d'introduction à la psychanalyse*, p. 179.

la période pré-œdipienne, et plus particulièrement de la phase archaïque, ou orale, qui correspond à la première enfance. Le personnage principal durant cette période est la mère, vers laquelle sont dirigés des sentiments extrêmement intenses, amoureux mais, aussi, agressifs.

Cette période de l'avant-deux ans, Mélanie Klein l'a décrite, on le sait, avec une sorte de fureur vengeresse comme la traversée traumatique de la terreur et de l'angoisse. D'autres auteurs, comme Winnicott ou Margaret Mahler, sans rien ôter à l'intensité des sentiments éprouvés durant cette période, ont sans doute mieux fait le partage, et plus équitablement, entre l'amour et la haine.

On ne peut qu'adopter le jugement récent d'un psychanalyste lorsqu'il écrit : « Sa mère et la relation qu'il a entretenue avec elle restent non analysées [...]. Freud dit peu de choses sur la mère qui, du fait de son emprise émotionnelle sur son fils, et par le besoin qu'elle avait de lui, dut être également une figure angoissante. D'autre part, il dit peu de choses de sa propre ambivalence envers elle qui, compte tenu de son caractère, était plutôt évidente [7]. » Doit-on rappeler les douleurs colitiques dont Freud adulte souffrait chaque dimanche matin avant d'aller rituellement rendre visite à sa mère ? Une mère « capricieuse, dominatrice, et même tyrannique [8] ».

De l'avis de tous les biographes récents [9], le scénario œdipien personnel de Freud associait à une image maternelle forte une image paternelle faible.

Revenons aux deux postulats biologiques de Freud. Nous voyons alors que tous deux jouent un rôle d'interposition, un rôle protecteur vis-à-vis à la fois de l'image maternelle puissante et de l'agressivité de Freud envers elle.

Avec la thèse de l'hérédité des caractères acquis, le nourrisson, le jeune enfant ne restent, en effet, plus seuls avec la mère. *Le père est déjà là*, en tiers, venu d'une nuit des temps

---

7. Harry STROEKEN, *En analyse avec Freud*, p. 190. Également Yvan BRES, *Critique des raisons psychanalytiques* : « [...] toute la théorie freudienne de la féminité correspond à un "point aveugle" et traduit le refus de Freud de comprendre ses relations avec sa mère » (p. 219).
8. Harry STROEKEN, *op. cit.*, p. 107.
9. A. DE MIJOLLA, *Les Visiteurs du Moi.*

qui précède de très loin la naissance. L'enfant qui naît apporte avec lui, souvenir psychique qui remonte aux débuts de l'humanité, un père bien davantage puissant que ne l'est la mère. Bien des traits, d'ailleurs, avec lesquels Freud décrit dans *Totem et tabou* le Père-chef de la horde primitive sont ceux-là même par lesquels on est accoutumé de reconnaître aujourd'hui en clinique la Mère archaïque.

La thèse d'une sexualité élargie à l'oralité met, quant à elle, l'accent sur l'amour et la sexualité dans la relation entre l'enfant et sa mère. D'une certaine manière, cet amour sert ainsi de couverture à l'agressivité, qui disparaît. Or, c'est bien l'*agressivité*, l'agressivité archaïque, de Freud envers sa mère, et d'autant plus forte que la personnalité de la mère la provoque, qui représente la grande « tache aveugle » de l'auto-analyse de Freud.

Avec les deux postulats biologiques, le maître de l'interposition qu'est Freud aurait ainsi introduit un père phylogénétique et une sexualité orale à titre de défenses contre la Mère archaïque intériorisée et active dans son Inconscient, contre sa propre agressivité archaïque, à lui Freud. Mais, contrairement aux défenses que nous avions précédemment évoquées, il s'agit là de constructions artificielles qui, bien loin de permettre l'accès à la compréhension de la nature de la pulsion, en détournent. Ces constructions ne tiendront d'ailleurs qu'un temps. Et quand vireront au noir l'époque, avec la guerre de 1914, et la propre vie de Freud, avec des deuils familiaux répétés et l'apparition de son cancer, d'autres aménagements, de grand style, devront s'y ajouter sous la forme du « délire » cosmique des Instincts de Vie et de Mort.

Pour clore ce chapitre sur l'interposition comme mécanisme général de défense chez Freud, dont les deux postulats de la « biologie freudienne » ne seraient que des aspects particuliers, citons ces lignes d'un biographe récent de Freud, frappé par l'aspect fragmentaire et hétérogène de son œuvre : « Sa théorie devait garder un caractère provisoire et rester malléable pour pouvoir lui servir de protection contre une éventuelle irruption dans la conscience des expériences infantiles refoulées, provoquées par les circonstances externes et internes [10] ».

Et s'il fallait une preuve encore de la capacité exceptionnelle de Freud à inventer de l'interposition entre lui-même et l'Inconscient, en est-il de plus superbe, de plus démonstrative que l'objet matériel lui-même qui symbolise la psychanalyse : le divan. Le divan est bien le signe du malaise de Freud, reconnu explicitement par lui, dans le face à face, dans la relation interpersonnelle ; et il est, en même temps, l'interposition en quelque sorte « chosifiée » qui, aménageant ce malaise, permet de le tolérer aussi longtemps que nécessaire pour l'analyser et le comprendre.

Serait-il excessif de penser que ce furent une vulnérabilité particulière de Freud, de moindres capacités de défense face à autrui, une « porosité » de son propre Inconscient à celui d'autrui (rationalisée dans cette curieuse croyance qui était sienne en l'existence d'une communication directe d'Inconscient à Inconscient) qui le contraignirent tantôt à découvrir, tantôt à inventer de manière tout illusoire, les différentes interpositions que nous avons dites, faisant ainsi de faiblesse force ?

Que craignait-il dans le face à face : l'identification partielle ou bien l'identification fusionnelle, celle qui correspond à une régression archaïque ? La seconde, très évidemment.

Et contre quoi devait-il « se défendre » (selon ses propres termes) devant la musique, et qui l'empêchait d'y prendre plaisir, sinon la peur d'être submergé par une émotion primaire, par le retour d'un refoulé archaïque faisant irruption dans la conscience ?

Plus d'une fois, à la lecture de la correspondance — rappelons-le, expurgée par ses héritiers — adressée à Fliess entre 1896 et 1901, on éprouve le sentiment qu'une course de vitesse s'est trouvée là engagée, et finalement gagnée, entre le génie créatif et la décompensation psychique. Quand, s'adressant à Ferenczi en 1910, il écrit, parlant de l'époque de son auto-analyse : « J'ai réussi là où le paranoïaque échoue », on saisit sur le vif l'importance du remaniement intrapsychique qui s'opéra à cette époque en lui, et les risques encourus qui, au moins à titre rétrospectif, étaient tout à fait connus de lui.

10. Marianne KRÜLL, *Sigmund fils de Jacob*, p. 247.

3

Les deux postulats contre le complexe d'Œdipe

Entre 1900 et 1914, entre la publication de *L'Interprétation des rêves* et la vraie fin du XIXe siècle que marque la Première Guerre mondiale, Freud connaît sa période heureuse. Ses idées se diffusent, un groupe actif se forme autour de lui, il publie ses livres les plus importants (déjà écrits pour la plupart avant 1901 et qu'il gardait sous le coude [1]), l'intérêt grandit à l'étranger pour ses travaux (il est invité aux États-Unis en 1909), et, enfin, sa clientèle se fait nombreuse.

C'est durant la même période que paraissent les deux livres dans lesquels sont affirmés ses postulats biologiques : les *Trois essais sur la théorie sexuelle*, pour la sexualité « élargie », et *Totem et tabou*, pour l'hérédité des caractères acquis. Il nous semble essentiel de montrer combien ces deux livres, qui vont déclencher de vives polémiques, marquent pourtant chez Freud, malgré leur ton spectaculairement offensif, un recul défensif par rapport à son auto-analyse. Les deux postulats biologiques apparaissent alors, dans une nouvelle perspective, non plus seulement comme des interpositions défensives, mais aussi

1. La première des *Cinq psychanalyses, Un cas d'hystérie* (Dora), a été publiée en 1905, mais écrite en janvier et février 1900. Et, à propos de *L'Interprétation des rêves*, publié en 1900, du *Mot d'esprit et ses rapports avec l'inconscient* et des *Trois essais sur la théorie de la sexualité*, publiés tous deux en 1905, JONES écrit : « Les trois ouvrages précités font partie d'un tout et découlent des mêmes sources d'investigation. Tous trois ont été écrits entre 1895 et 1900 » (*op. cit.*, p. 337 — I, p. 335 et II, p. 337).

comme de véritables symptômes, c'est-à-dire des formations de compromis entre la pulsion et la défense.

Pour *Totem et tabou*, la chose est aisée à montrer. Nous avons vu dans le chapitre précédent comment faire naître l'enfant avec, déjà, le père en lui, « psychiquement », permettait l'évitement d'un rapport duel avec la mère archaïque. Mais la thèse de l'hérédité des caractères acquis possède encore une autre dimension *défensive*, au moins aussi importante.

En effet, le sujet du livre est l'ambivalence des sentiments envers le père, la part de la haine envers lui étant si forte qu'elle s'accompagne de souhaits de mort. Mais ces souhaits parricides, d'où viennent-ils avec la thèse phylogénétique ? De très loin dans le temps, bien avant la naissance. D'un événement jadis arrivé et qui fut la mise à mort réelle du chef de la horde primitive. Un événement qui s'est inscrit organiquement dans la mémoire de l'espèce, et qui se réactive en chaque enfant avec un caractère tout aussi inéluctable que la poussée des dents ou que la croissance des os. Une inévitable culpabilité en est la conséquence : quel tribunal pourtant n'absoudrait un coupable ainsi commandé à distance comme un automate ? Par ailleurs, l'acte d'accusation se trouve très allégé puisque, pour Freud, le parricide commis autrefois a, du fait de la culpabilité qu'il a entraînée, permis à la civilisation de naître.

Il n'est sans doute pas de meilleur illustration de la vertu déculpabilisante du postulat de l'hérédité psychique que les mots qui furent adressés par Freud au petit Hans dans le but évident d'alléger sa culpabilité : « Bien longtemps avant qu'il vînt au monde, j'avais su qu'un jour un petit Hans viendrait qui aimerait tellement sa mère qu'il aurait à supporter d'avoir peur de son père à cause de cela [2]. » Pris dans un tel déterminisme absolu, le coupable devient victime. Et si l'on pense avec Jean Bergeret [3] que le fondateur de la psychanalyse s'est identifié au petit Hans sur la base d'expériences infantiles communes, on ne peut que partager l'opinion de cet auteur pour qui les fantaisies phylogénétiques ne sont que la projection, que la mise à distance, dans une préhistoire de fantaisie, de sa propre enfance par Freud. La phylogenèse, c'est la période de la

2. *Le Petit Hans*, Std. Ed., 10, p. 42.

3. Jean Bergeret, *Le « Petit Hans » et la réalité, ou Freud face à son passé*, Payot, 1987.

première enfance à la fois montrée et cachée. Ce qui est la définition même du symptôme dans la mesure où il montre et il cache à la fois la pulsion à l'œuvre.

La thèse de la sexualité « élargie » servait, nous l'avons dit dans le chapitre précédent, à masquer, pour la période de la première enfance, l'agressivité « archaïque » envers la mère. On verra plus loin la forme explosive que prendra cette agressivité, et l'agressivité en général, quand l'impact psychologique de la guerre de 14 rendra inopérantes les défenses psychologiques jusqu'alors utilisées. L'Instinct de mort marque chez Freud l'insuffisance des deux postulats biologiques sous leurs anciennes formes, et leur renforcement sous une forme nouvelle.

Mais la lecture des *Trois essais* montre aussi une autre vertu défensive du concept de sexualité « élargie ». En effet, ce livre est tellement novateur, avec l'affirmation de l'existence chez le jeune enfant d'une sexualité aussi vive que celle de l'adulte, qu'il semble qu'un fait très surprenant n'ait pas été remarqué. Il concerne une absence de taille, laquelle peut permettre certaines hypothèses. Freud lui-même nous a appris combien, dans un récit, l'absence d'un élément attendu doit alerter le psychanalyste.

Rappelons d'abord que Freud, à l'automne de l'année 1897, avait eu la révélation dans son auto-analyse d'avoir éprouvé, étant enfant, des désirs sexuels envers sa mère (la *libido ad matrem*). Il va, d'ailleurs, immédiatement généraliser, universaliser ce qu'il constate ainsi chez lui.

La lettre bien connue adressée à Fliess le 15 octobre 1897 témoigne que, à cette date, il est devenu parfaitement conscient de la double composante du complexe que, par référence à la légende du héros grec, il nomme dès ce moment « œdipien ». Double composante : maternelle, et paternelle. Par ailleurs, en 1895 déjà, il a annoncé à Fliess qu'il commençait la rédaction d'un texte sur la sexualité, celui-là même qui, au fil des ans, va devenir les *Trois essais*.

On s'attendrait donc que, dans un livre publié en 1905 et traitant de la sexualité infantile, l'accent fût mis, à un moment ou à un autre, sur les désirs sexuels — au sens génital du terme — du jeune enfant envers sa mère, désirs qui constituent la composante maternelle du complexe d'Œdipe. De la même manière, en somme, que *Totem et tabou* donnera explicitement en 1913 la formule de la composante paternelle de ce même complexe.

Or, double étonnement. Premièrement, il n'en est rien. Deuxièmement, il semble que cette absence n'ait guère été remarquée [4].

Dans les *Trois essais*, le thème de l'attraction sexuelle pour la mère n'apparaît en effet nulle part. Certes, la mère est évoquée une fois, une seule fois, comme « objet sexuel », mais pour la période de l'allaitement. Ce n'est évidemment pas à cette période à laquelle Freud pensait dans sa lettre à Fliess de l'automne 1897 ; et la période de l'allaitement ne correspond pas à l'âge du conflit œdipien.

La période qui précède immédiatement celle du drame œdipien correspond à la phase phallique. Or, il est remarquable que cette phase phallique ne fasse son apparition dans les *Trois essais* que près de vingt ans après la première édition, soit en 1924. S'agissant là de la dernière édition comportant des ajouts, il aurait donc très bien pu se faire que ne figurât pas dans les *Trois essais* cette découverte majeure de Freud quant à la sexualité infantile — une sexualité qui ici est pour nous, on le verra plus avant, d'ordre uniquement psychique : une crise d'identité sexuée.

Quant au complexe d'Œdipe lui-même, la seule mention qui figure dans le livre a été ajoutée dans une note de 1920. Et d'une manière doublement aseptisée, puisqu'il ne s'agit plus de la sexualité infantile mais de la puberté, et puisqu'il n'est même pas indiqué expressément qui est l'objet sexuel : « On dit à juste titre que le complexe d'Œdipe est le complexe nucléaire des névroses [...]. En lui culmine la sexualité infantile, laquelle influence de façon décisive la sexualité de l'adulte par ses effets ultérieurs [...] la reconnaissance de son existence est devenue le schibboleth qui distingue les partisans de la psychanalyse et leurs adversaires [5]. »

Pour être complet signalons encore qu'une minime allusion

---

4. Pas plus que n'avait été remarquée la confusion faite par Freud entre vautour et milan dans son essai sur Vinci. Cf. pour une étude d'ensemble de cette erreur la préface de J.-B. PONTALIS à la nouvelle traduction de *Un souvenir d'enfance de Léonard de Vinci.*

5. *Trois essais*, p. 170.

directe avait été ajoutée en 1915, concernant le fait que « derrière cette tendresse, ce respect, cette vénération [pour la mère] se cachent les anciennes tendances sexuelles engendrées par les pulsions partielles devenues inutilisables ».

De fait, fort étrangement, en 1905, Freud (après qu'il eut énuméré les « multiples sources de l'excitation sexuelle que sont les zones érogènes ») écrit en toutes lettres dans la « Récapitulation » qui clôt les *Trois essais* : « Les excitations provenant de toutes ces sources ne s'assemblent pas encore, mais poursuivent chacune isolément leur but, qui n'est autre que le gain d'un certain plaisir. Il en résulte que, pendant l'enfance, la pulsion sexuelle est sans objet, *auto-érotique*[6]. »

Ainsi, pendant l'enfance, et donc pendant la période du conflit œdipien, la pulsion sexuelle ne serait pas dirigée vers la mère. Étonnante affirmation !

On voit ainsi comment le concept de sexualité, « élargie » dans les *Trois essais* au point de débuter à la naissance, travaille, activement dans cette dernière phrase, et de manière latente dans le reste du livre, dans le sens d'une *dénégation* de la composante maternelle du complexe d'Œdipe.

Chacun des deux livres — les *Trois essais* et *Totem et tabou*, — fonctionne donc, ainsi que nous l'indiquions plus haut, comme un véritable symptôme, comme une formation de compromis entre la pulsion et la défense.

Dans les *Trois essais*, Freud donne satisfaction à la pulsion sexuelle infantile (ces *Essais* sont le grand livre du dévoilement de la sexualité infantile) dans le même temps où il la dénie ou bien l'annule dans sa composante la plus lourde à assumer.

Dans *Totem et tabou*, Freud satisfait à la pulsion agressive envers le père, dans le même temps où il en rejette l'origine à une époque où, bien évidemment, lui, Freud, n'existait pas encore.

Le choix des deux postulats biologiques apparaît donc, dès le départ, psychologiquement déterminé.

---

6. *Trois essais*, p. 182. C'est en 1920 seulement qu'il modifiera sa formulation : « Il en résulte que, pendant l'enfance, la pulsion sexuelle n'est pas *centrée* et qu'elle est d'abord sans objet, *auto-érotique*. »

La sexualité globalement « élargie » à l'ensemble du corps camoufle la seule sexualité dont Freud pouvait se sentir vraiment coupable : la sexualité phallico-œdipienne, la sexualité pénienne, la sexualité tournée vers la mère, l'attente d'un plaisir génital qui viendrait de la mère et par la mère.

La thèse de l'hérédité des caractères acquis permet de rapporter à la préhistoire sa propre agressivité et ses propres souhaits de mort envers son père.

Nous avons vu dans le précédent chapitre la fonction défensive des deux postulats quant à la première enfance, quant à la phase archaïque : le père présent dès la naissance, l'agressivité archaïque recouverte par la sexualité orale.

Nous venons de voir la fonction défensive des mêmes deux postulats par rapport aux données du drame œdipien.

Il s'agit donc, là, dans le choix des deux postulats biologiques, d'une pluri-détermination. Et l'on sait en clinique la force toute particulière du symptôme lorsque, ainsi, sa détermination psychologique est plurielle.

4

Une étrange cosmogonie

L'évolution de la « biologie freudienne » après 1913 est simple à suivre. Paradoxalement, plus la biologie des biologistes le contredit, et plus la conviction de Freud s'affermit, transformant ce qui n'était que des hypothèses en une croyance qui devient absolue.

Nous avons rappelé plus haut comment, dans *Moïse et le monothéisme*, il reconnaissait ses désaccords avec la biologie tout en indiquant les raisons pour lesquelles la psychanalyse pourtant ne pouvait se passer de la théorie des caractères acquis.

Nous avons montré, également, la manière dont, jusqu'à la dernière édition annotée des *Trois essais* (1924), était constamment affirmé « ce qui nous paraît essentiel dans cette conception des processus sexuels, l'hypothèse de substances particulières dérivant du métabolisme sexuel [1] » et présentes activement dans les zones érogènes, c'est-à-dire dans la quasi-totalité du corps.

A partir de 1919, c'est-à-dire dès la rédaction d'*Au-delà du principe de plaisir*, la théorie psychanalytique connaît avec l'introduction des Instincts (ou des pulsions) de vie et de mort des changements dont le non-psychanalyste imagine mal la radicale nouveauté.

Si l'on fait abstraction du bref intermède de *Pour introduire le narcissisme* (1916), il n'existait alors que les deux pulsions d'autoconservation, et sexuelle. A présent, ces deux pulsions

1. *Trois essais*, p. 156.

n'en font plus qu'une : la pulsion de vie. Autrement dit, les deux pulsions dont l'antagonisme rendait compte auparavant de la clinique et de la théorie psychanalytiques ne sont désormais plus opposées, mais associées. Qui plus est, la pulsion sexuelle, qui jusque-là était porteuse de la rupture, de la déliaison, de l'aventure de la vie en quelque sorte et s'opposait ainsi à la pulsion d'autoconservation, cette pulsion sexuelle prend désormais le sens opposé : elle ne perturbe plus, elle construit ; son rôle consiste maintenant non plus à désunir, mais à unir, à réunir en ensembles plus vastes les unités dispersées. Par ailleurs une nouvelle pulsion fait son entrée dans le club très fermé des pulsions à part entière : l'agressivité, sous la dépendance d'un Instinct de mort, lequel serait présent et actif aussi bien dans la nature inanimée que vivante. Car le champ d'action de la « biologie freudienne » s'est étendu, englobant dorénavant le cosmos en son entier. Ainsi, la sexualité « élargie », mais jusqu'alors, si l'on peut dire, limitée, voit maintenant son principe s'étendre à l'ensemble du cosmos sous le nom d'Instinct de vie. « Nous tentons ainsi de résoudre l'énigme de la vie en faisant l'hypothèse de ces deux pulsions [de vie et de mort] l'une contre l'autre dès les origines [2]. »

Il faut insister sur ce dernier point et, sans fausse pudeur, soulever le manteau d'un Noé-Freud devenu, avec l'âge, comme ivre de spéculation. Les deux Instincts dans leur antagonisme, Éros et Thanatos dans « leur immortel combat » (Freud), sont ici, en effet, censés commander aussi bien aux phénomènes étudiés par la physique — dont les deux principes antagonistes, les représentants des Instincts, seraient l'attraction et la répulsion [3] — qu'à ceux qui sont du ressort de la biologie.

Des infusoires à l'homme, de la gravitation universelle à la vitesse de la lumière, rien n'échappe à leur domination. L'Instinct de vie, avec son principe universel d'attraction, rassemble les atomes en molécules, les cellules vivantes en organismes complexes, les individus en peuples... C'est en tout cas ce que Freud affirme de la manière la plus explicite qui soit.

Bref, à partir du seul matériel des associations d'idées de ses

2. *Au-delà du principe de plaisir*, p. 110, note 16.

3. *Abrégé*, p. 8-9. En anglais : « The analogy of our two basic instincts extends from the sphere of living things to the pair of opposing forces — attraction and repulsion — which rule in the inorganic world » (Std. Ed., 23, p. 149).

patients sur le divan (devenu ainsi comme le laboratoire universel de la connaissance), voici que Freud, en sa soixante-troisième année, découvre la loi ultime — réduite à l'antagonisme de deux forces — qui régit l'ensemble du cosmos. Il n'est plus de mystère, plus de secret pour lui : l'origine de la matière, la course des planètes, la naissance de la vie, la psychologie humaine, la vie sociale, le mouvement de l'Histoire ont trouvé leur maître. Nous n'exagérons pas : confirmant ce qu'il avait décrit de manière détaillée dans *Au-delà du principe du plaisir* (1919-1920), Freud affirme dans l'*Abrégé* (1938) : « Cet accord et cet antagonisme des deux Instincts fondamentaux confèrent justement aux phénomènes de la vie toute la diversité qui lui est propre. Par-delà le domaine de la vie organique, l'analogie de nos deux instincts fondamentaux aboutit à la paire contrastée qui domine dans le monde inorganique. » Et il ajoute en note : « Le philosophe Empédocle d'Agrigente avait déjà adopté cette façon de considérer les forces fondamentales ou instincts, opinion contre laquelle tant d'analystes s'insurgent encore. »

Une différence notable existe pourtant entre sa position de 1919 et celle qu'il exprimera quelques années plus tard, différence qu'il décrit ainsi : « Au début, j'ai présenté ces conceptions dans la seule intention de savoir où elles menaient, mais dans le cours des années elles ont acquis une telle emprise sur moi que je ne puis plus penser autrement [4]. » A lire ces lignes (qui pourraient paraître quelque peu naïves si elles n'étaient, dans leur formulation, comme toujours chez Freud, d'une honnêteté absolue par rapport à ce qu'il ressent), on ne peut s'empêcher de penser qu'en elles s'exprime le constat presque étonné que des forces — venues d'où ? — se sont « emparées » de sa pensée consciente : l'« emprise » de ces idées ne lui permet plus de penser autrement. Génial apprenti sorcier entraîné par la curiosité (« savoir où elles [ces conceptions] menaient »), il se serait trouvé débordé par les forces qu'il aurait mises en mouvement...

Apparaîtrait-il, alors, surprenant ou scandaleux de faire l'hypothèse (psychanalytique) que les forces qui ont ainsi acquis une si puissante emprise sur sa pensée consciente (et rationnelle) fussent celles de l'Inconscient ? Plaiderait en faveur de cette

---

4. *Malaise dans la civilisation*, Std. Ed., 21, p. 119.

façon de voir non pas seulement le mécanisme d'une prise de possession progressive de sa pensée consciente telle que Freud le décrit, mais surtout le contenu même des pensées en cause. Ce qui s'exprime dans cette cosmogonie « mythologique » (le mot est de Freud : « La théorie des Instincts est pour ainsi dire notre mythologie [5] ») est de manière assez évidente, par ses caractères de surestimation de la pensée et de toute-puissance des idées, un typique surgeon de la pensée magique qui a poussé et qui prospère au sein de la pensée rationnelle.

Mais, dira-t-on peut-être, dans cette étrange cosmogonie où l'Ange de la vie et l'Ange de la mort enlacés l'un à l'autre luttent corps à corps l'un contre l'autre et pour l'éternité dans le moindre brin de matière comme dans les plus sophistiquées créations humaines, il ne s'agit que d'un peu de philosophie surajoutée qui vient coiffer, certes de manière malheureuse ou maladroite, la construction freudienne, mais que l'on pourrait soustraire de la théorie sans grand inconvénient... Pourquoi en faire un tel cas : quel scientifique parvenu à la gloire, à la fin de sa vie, ne s'accorde pas le plaisir (narcissique) de quelques considérations d'ordre général ?

Malheureusement, c'est de bien autre chose qu'il s'agit ici. Car la cosmogonie freudienne est présentée par son auteur comme la théorie même de la clinique psychanalytique, rendue nécessaire « par un examen de détail objectif et laborieux [6] », et elle vient se substituer aux précédentes théories. Dans le même temps pourtant, Freud continue de réclamer, il le dit explicitement, que la psychanalyse soit classée parmi les sciences naturelles. Que penserait-on, en ce cas, d'un naturaliste ou d'un biologiste contemporain qui, au détour d'un article, se mettrait à théoriser ses données expérimentales, le résultat de ses examens de laboratoire, sous la forme d'une cosmogonie mythologique ? Puis, qui affirmerait benoîtement que « l'emprise » sur lui de celle-ci est telle « qu'il ne peut plus penser autrement ».

Pour Freud, un des « bénéfices secondaires » — c'est-à-dire par rapport à la réalité extérieure — d'une aussi grandiose construction est certes de faire apparaître comme insignifiante au regard des enjeux l'opposition de la biologie des biologistes à sa propre « biologie » de la sexualité élargie ou de l'hérédité

---

5. *Nouvelles conférences*, p. 129.
6. *Ibid.* (1933), p. 145.

des caractères acquis. Tel le nouveau Moïse présentant les Tables de la Loi de sa cosmogonie, maintenant il peut déclarer avec la superbe du prophète : « Une chose peut nous surprendre, c'est d'avoir été aussi souvent contraint de nous aventurer au-delà des limites de la psychologie. Les phénomènes que nous avons étudiés ne sont pas uniquement d'ordre psychologique, ils ont également un aspect organique et biologique, d'où il s'ensuit que, dans nos efforts pour édifier la psychanalyse, *nous avons aussi réalisé d'importantes découvertes en biologie* et n'avons pu éviter d'émettre de nouvelles hypothèses relatives à cette dernière science[7]. »

Pourquoi, chez le Freud de soixante-trois ans, cette fantastique, cette stupéfiante « sortie des rails » en 1919 ?

7. *Abrégé* (1938), p. 71. Std. Ed., 23, 195. Souligné par nous.

5

S'ouvre la sombre période...

Il est dans l'œuvre des dernières années de Freud un texte « symptômal » à propos de la coexistence chez lui à cette époque, au niveau conscient, de deux modes de pensée : la pensée rationnelle et la pensée magique. Ce texte est celui de la trente-cinquième des *Nouvelles conférences sur la psychanalyse* (1933), qui a pour titre : « Sur une *Weltanschauung* » (« Sur une conception du monde »).

Trois thèmes se mêlent dans cet article de près de vingt-cinq pages : la religion et la science sont engagées dans un combat sans compromis possible ; dans la religion sous sa forme actuelle et dans les tendances animistes et magiques qui l'ont précédée s'expriment les peurs et les désirs de l'enfant, sans rapport aucun avec la réalité objective ; la psychanalyse, quant à elle, n'a pas de « conception du monde » particulière, elle est une simple branche de la science, exactement semblable aux autres branches.

En quoi cet article serait-il un texte symptômal ? Parce que son thème sous-jacent consiste à opposer radicalement la pensée magique et la pensée rationnelle ; il est affirmé que la psychanalyse ressortit strictement à la pensée scientifico-rationnelle dans le même temps où, par ailleurs, de nombreux éléments ne cessent d'être fournis dans le corps du même texte — et plus nombreux encore si l'on prend en compte la 32ᵉ Conférence qui traite de *L'Angoisse et la vie pulsionnelle* — qui dévoilent sans ambiguïté que, sous sa forme de l'époque, la théorie psychanalytique participe elle-même de la pensée religieuse et de la pensée magique.

C'est d'abord à une critique en règle de la religion que ce texte procède — de la religion dans sa prétention à représenter une « conception du monde », avec ce que le terme comporte d'explication complète, totale, à toutes les énigmes du monde. A une telle « illusion » proposée par la religion, la science quant à elle ne peut encore opposer que des réponses partielles mais pourtant de plus en plus étendues ; elle postule pour l'avenir une explication homogène du monde — par là, donc, une « conception du monde » elle aussi — avec pour critère de vérité la concordance avec la réalité extérieure. Deux « conceptions du monde » s'opposent donc là, exclusives l'une de l'autre, et Freud exprime sa confiance dans le triomphe final de la science avec l'espoir « que [...] l'esprit scientifique, la raison [parviennent] avec le temps à la *dictature* dans la vie psychique de l'homme [1] ».

Par rapport à une telle « conception du monde » ainsi mise en chantier par la science, la psychanalyse aurait-elle une *Weltanschauung* particulière à défendre ? Non pas. « En tant que science spécialisée, branche de la psychologie [...], elle est absolument inapte à former une *Weltanschauung* propre, elle doit adopter celle de la science. » Dans la classification des sciences, ce n'est pourtant pas une place mineure que Freud revendique pour sa discipline : « A strictement parler, il n'y a en effet que deux sciences, la psychologie pure et appliquée, et la science de la nature. » La psychologie pure, à savoir la psychanalyse.

Devant cette attitude de relative modestie, rappelons-nous pourtant que Freud, à cette date (1932), chassant hardiment sur les terres des sciences de la nature, a développé et continue de défendre sa propre biologie de la sexualité et de l'hérédité ; et qu'il affirme — depuis plus de dix ans — avec toujours plus de conviction que la théorie des deux Instincts fondamentaux donne la clef, le passe-partout, le sésame universel qui ouvre les serrures de toutes les sciences quelles qu'elles soient. Il a, dans sa « Bulle » de 1927 (l'*Avenir d'une illusion*), excommunié la religion ; et, en 1930, il a montré du doigt à l'humanité inquiète où se situait la vraie origine du *Malaise dans la civili-*

1. *Nouvelles conférences*, p. 229. Souligné par nous.

sation, dans le livre qui porte ce titre et qui est d'ailleurs celui où il affirme ne plus pouvoir penser autrement que dans le cadre de la théorie des deux Instincts.

Il est du reste plaisant de constater, dans la 35e Conférence, que les trois contenus qu'il donne à la religion : satisfaire le désir de savoir, apaiser l'angoisse, distribuer des préceptes, sont, dans une large mesure, ceux-là même que la psychanalyse propose. Le désir de savoir ? La psychanalyse n'est-elle pas dorénavant capable de résoudre les énigmes les plus fondamentales, dont celles de la vie et de la mort ? Apaiser l'angoisse : n'est-ce pas le but que se propose la cure psychanalytique ? Distribuer des préceptes, se référer au Dieu-Père créateur ? La théorie de la culpabilité œdipienne — d'un Œdipe universel, invariant, anhistorique, vrai péché originel qui poursuit l'espèce depuis le parricide originel — ne pose-t-elle pas, elle aussi, sous une forme laïque, le Père (« le père, dans la grandeur où il est apparu au petit enfant », comme écrit Freud à propos du Dieu-Père dans la 35e Conférence) au centre de sa construction, d'une manière toute semblable à celle des religions du Père que sont le judaïsme et le christianisme ?

L'étonnement vient du degré d'aveuglement auquel est parvenu maintenant Freud, homme pourtant, s'il en fut, du soupçon systématique — l'aveuglement quant à la trop excessive ambition de sa dernière théorie des Instincts. Comment peut-il rester aveugle ainsi au fait que, depuis dix ans, il vient de bâtir la plus aventureuse peut-être, la plus ambitieuse en tout cas, des cosmogonies fantastiques du XXe siècle ? Et de quoi donc pourrait bien procéder une aussi fabuleuse construction, sinon de ce qu'il nomme la pensée magique, marquée, écrit-il noir sur blanc, par la « surestimation de ses propres opérations intellectuelles », par la « croyance en la toute-puissance des pensées » ? Comment l'idée ne l'effleure-t-elle pas — car il ne craindrait certainement pas de la confesser si elle l'effleurait, sa qualité première étant restée jusqu'à la fin une honnêteté absolue —, comment, oui, l'idée ne l'effleure-t-elle pas qu'il existe un hiatus épistémologique infranchissable entre, d'une part, les techniques de l'association libre des idées et de l'interprétation des rêves et, d'autre part, ce qui a trait, par exemple, à l'origine de la vie ou aux racines de la gravitation universelle ? A moins, bien sûr, que la réalité ultime ne soit constituée par les idées et que, sur le divan, ces idées — qui seraient des Idées — trouvent leur lieu d'expression privilégié. On se trouverait, alors, ici, à mi-chemin entre la pensée magique et l'idéalisme philosophique platonicien, en un lieu en tout cas fort éloigné de la méthode scientifique dont continue explicitement de se recommander le Freud de cette même 35e Conférence.

Car la psychanalyse n'est, ne cesse-t-il de réaffirmer hautement dans cet article, qu'une simple branche de la science. Il n'est réclamé pour ce qui est son objet d'étude — l'esprit humain — aucun adoucissement de la rigueur des règles de la méthode scientifique qui ont cours dans les sciences de la nature, puisque « l'esprit et l'âme sont des objets de la recherche scientifique *exactement de la même manière* que n'importe quelle chose étrangère à l'homme [2] ». On reconnaît dans cette formulation tranchée l'expression du positivisme scientiste dans sa forme la plus radicale, celle du réductionnisme naturaliste, tel qu'il était en usage au XIXe siècle.

Or, dans le même livre, moins de cent pages auparavant, il venait d'être avancé que « la théorie des pulsions [ces pulsions considérées par la psychanalyse comme le principe actif de la vie psychique] est, pour ainsi dire, notre mythologie. Les pulsions sont des êtres mythiques, formidables dans leur imprécision. Nous ne pouvons pas dans notre travail faire abstraction d'eux un seul instant et cependant nous ne sommes jamais certains de les voir nettement [3] ».

Nous sommes ici probablement au cœur du clivage qui s'est opéré dans la pensée, dans l'esprit de Freud. Dans le même livre, la science venait d'être définie comme « l'élaboration intellectuelle d'observations soigneusement vérifiées ». Comment, alors, une discipline dont les objets d'étude privilégiés restent tellement « imprécis » que l'on n'est « jamais assuré de les voir nettement » peut-elle être purement et simplement assimilée aux sciences naturelles ? Une assimilation délibérée puisque l'*Abrégé*, publié cinq ans plus tard, précisera que « [...] le concept d'après lequel l'élément psychique est en soi inconscient a permis de faire de la psychologie une branche semblable à toutes les autres des sciences naturelles [4] ».

2. *Nouvelles conférences*, p. 212.
3. *Ibid.*, p. 129.
4. *Abrégé*, p. 21.

La psychanalyse : « science » ou bien (Freud prononce lui-même le mot à plusieurs reprises) « mythologie » ?

La contradiction n'échappe pas à Freud. C'est tout l'intérêt de ces textes que de montrer son intelligence aux prises avec une contradiction qu'il ne peut ni assumer pleinement (il serait alors contraint d'en venir à interpréter en termes de désir infantile sa cosmogonie) ni non plus réduire à un seul terme (ce serait alors la fin en lui de la pensée rationnelle).

Il va alors user successivement de deux manœuvres pour diminuer la tension excessive de la contradiction : la dénégation, puis l'esquive.

La dénégation (masquée, en partie, par la forme interrogative) : « Vous direz peut-être en haussant les épaules : il ne s'agit pas là de sciences naturelles. C'est de la philosophie schopenhauerienne. Mais pourquoi, mesdames et messieurs, un hardi penseur n'aurait-il pas deviné ce que confirme ensuite un examen en détail objectif et laborieux [5]. » Malheureusement, il écrit aussi, quatre-vingts pages plus loin : « L'intuition, la divination [...] on peut, sans hésitation, les compter au nombre des illusions, des accomplissements de motions de désir [6]. » Et, dans le même texte il n'est pas tendre pour la philosophie accusée de surestimer « la valeur de connaissance de nos opérations logiques » et de s'appuyer sur l'intuition.

L'esquive. La même année 1932, il écrira dans sa lettre à Einstein, *Pourquoi la guerre ?* : « Il pourra peut-être vous sembler que nos théories [il vient d'être question de l'Instinct de mort] sont une sorte de mythologie [...]. Mais est-ce que toutes les sciences n'en viennent pas à la fin à un genre de mythologie comme celle-là ? Ne peut-on dire la même chose aujourd'hui de votre propre physique [7] ? » Une différence, non négligeable, existe pourtant entre « toutes les sciences » et la psychanalyse dernière manière. S'il n'est pas, en effet, complètement inexact que toutes les sciences « à la fin » ont tendance à sécréter un « isme » quelconque, de nature d'ailleurs plus idéologique que mythologique, et si la psychanalyse, comme Freud le prétend, est une science au même titre que les autres, elle serait la seule qui non pas aboutirait à une telle

5. *Nouvelles conférences*, p. 145.
6. *Ibid.*, p. 213.
7. *Pourquoi la guerre ?*, Std. Ed., 22, p. 211.

mythologie, mais bien au contraire en *partirait*, dans la mesure où elle aurait bâti ses prémisses sur une mythologie déclarée.

Il pourrait être tentant de rapprocher cette contradiction — la psychanalyse, « science naturelle », mais qui se fonde sur une « mythologie » — du fait que durant ces mêmes années, depuis 1927 jusqu'à 1938, Freud va s'interroger à plusieurs reprises à propos du fétichisme et du clivage du Moi ; ce dernier n'est d'ailleurs pas, reconnaît-il, l'apanage du seul fétichisme sexuel puisqu'il peut exister également dans la psychose (il conviendrait probablement d'étendre encore le cadre du clivage du Moi pour l'appliquer à un certain nombre de fanatismes idéologiques apparus au XXe siècle et qui ne peuvent guère se comprendre sans la présence d'un clivage du Moi chez leurs possesseurs-possédés).

On sait, grâce à Freud (au Freud de cette époque qui n'a donc, par ailleurs, rien perdu de sa puissance intellectuelle), que les fétichistes, par une partie de leur Moi, reconnaissent l'absence de pénis chez la femme ; et, par une autre partie du Moi, nient cette perception et créent un « fétiche », qui est le substitut du pénis. Une telle « castration » de la théorie des pulsions — « châtrée » comme elle le fut dans ses présupposés biologiques essentiels par la biologie — n'aurait-elle pas conduit Freud à la création d'un « fétiche », à savoir la mythologie des Instincts de vie et de mort ? Peut-être...

On resterait sans doute plus près de la réalité psychique elle-même en faisant l'hypothèse que la réponse au problème psychologique posé par la grande fuite spéculative finale de Freud est peut-être donnée, curieusement mais dans la meilleure tradition de *La Lettre cachée* de Poe, dans le corps même du texte de la *Weltanschauung*. Un passage, en effet, ne manque pas de surprendre. Au moment où Freud présente, pour le condamner, le nihilisme intellectuel, « contrepartie de l'anarchisme politique », il use assez bizarrement, d'un « nous » qui détonne, et qui ne s'accompagne pas du conditionnel qu'on attendrait. En tout cas, cette forme grammaticale n'a été utilisée nulle part ailleurs dans le livre. Comme si un instant — mais pourquoi ? — Freud faisait sienne la thèse qu'il présente : « Ce que *nous* faisons passer pour une vérité scientifique n'est, en effet, que le produit de *nos* propres besoins, tels qu'ils doivent se manifester dans les conditions extérieures changeantes, donc à nouveau une illusion. Au fond, *nous* ne trouvons que ce dont nous *avons* besoin, nous ne voyons que ce que nous voulons voir. *Nous* ne pouvons faire autrement [8]. » Qu'on relise le passage, il surprend. Il peut être rapproché de ces autres lignes d'*Au-delà du principe de plaisir* : « Mais, malheureusement on est rarement impartial lorsqu'il s'agit des choses dernières de la vie. Je crois que chacun de nous est alors sous l'emprise de préférences profondément enracinées que *nous* ne faisons que servir à *notre* insu dans *nos* spéculations [9]. » De quoi donc, Freud a-t-il « besoin », en ces années ?

Pour répondre à cette question, il nous faut retourner à la fin des années fastes, au terme du cycle heureux qui va de la publication de *L'Interprétation des rêves* au déclenchement de la Première Guerre mondiale. Il nous faut revenir à cette sombre période. Sombre période du fait, tout d'abord, de la guerre, de la guerre terrible de 1914 dont on a, dans le cas de Freud, probablement grandement sous-estimé les conséquences psychologiques. Dans un autre livre [10], nous avons essayé de montrer la rupture que cette guerre, qui détruisit l'Europe du XIXe siècle, avait marquée pour les générations qui l'avaient vécue. En ce sens le vrai début du XXe siècle n'est pas 1900, mais 1914.

Freud en 1900 a quarante-quatre ans déjà. Il est un homme du XIXe siècle, tout entier formé dans l'idéologie selon laquelle la science qui vient d'introduire dans la vie quotidienne l'électricité, les chemins de fer, les premières vaccinations pastoriennes, cette science conduit fatalement au progrès, à la paix, à la définitive victoire de la raison sur l'obscurantisme et l'irrationnel. C'est dans une telle perspective, issue en droite ligne des Lumières, que jusqu'en 1914 la psychanalyse s'inscrit pour Freud. Science, raison, progrès, paix.

A cette croyance et à cet optimisme exprimés au XIXe siècle par Hugo, par Renan, par tant d'autres, met fin de manière dramatique la plus destructrice et la plus meurtrière de toutes les guerres que l'Europe eût jusqu'alors connues.

---

8. *Nouvelles conférences*, p. 235.
9. *Au-delà du principe de plaisir*, p. 109.
10. *On est toujours l'enfant de son siècle, psychopolitique du XXe siècle*, Robert Laffont, 1986.

Les dates sont connues. C'est pendant les années de la guerre que Freud va accorder à l'agressivité le statut de pulsion primaire, qu'il lui avait constamment refusé jusqu'alors et dont il avait combattu l'idée plusieurs années auparavant chez Adler qui la défendait. C'est dans la Vienne exsangue de 1919, accablée par la défaite, par le démembrement de l'Empire austro-hongrois, par la famine, par le froid, que Freud fait sien le concept d'Instinct de mort avancé par Sabina Spielrein quelques années plus tôt.

Revenons un moment sur les années de guerre. En même temps que s'écroule dans les têtes l'univers mental du XIXe siècle, un cycle théorique s'achève pour Freud, cycle qu'il résume et auquel il donne une conclusion en 1915 avec les douze essais de la *Métapsychologie* (« il résume cette année-là l'œuvre de sa vie », écrit Jones). Sur ces douze essais il n'en publiera, on le sait, que cinq, détruisant les sept autres (on a retrouvé récemment une copie du douzième essai). Dans le même temps, un cycle tout nouveau se prépare que rien ne laissait prévoir, placé non plus sous l'invocation des puissances de vie et d'amour, mais sous l'ombre portée des pulsions d'agressivité et de destruction et de l'Instinct de mort.

En 1915, il publie ses sombres « Pensées actuelles sur la guerre et sur la mort » et il continue de travailler à ce qui deviendra, publié en 1917, *Deuil et mélancolie*.

Ce deuil et cette mélancolie, sa correspondance des années de guerre montre de manière explicite qu'ils sont les siens. Quelques citations parmi bien d'autres semblables :

> A Lou-Andréas Salomé, en décembre 1914 :
> « Je me sens souvent aussi isolé que pendant les dix premières années, alors que le désert régnait autour de moi, mais j'étais plus jeune et encore armé d'une énergie et d'une endurance infinies [...] L'humanité, je n'en doute pas, se remettra de cette guerre, mais je suis certain que ni moi ni mes contemporains ne retrouveront un monde heureux. Tout est trop horrible [...] Il faut abdiquer et le Grand Inconnu, lui ou le Grand Manitou dissimulé derrière le Destin, renouvellera cette expérience avec une race différente. »

> A Jones, fin décembre 1914 :
> « Je suis bien conscient que la période de floraison de notre science a brusquement pris fin [...] Ma pratique psychanalytique est réduite à un minimum de deux-trois heures par jour [...] C'est au fond cette réduction que je supporte le plus mal, étant habitué depuis plus de

vingt ans à un travail soutenu et dans l'incapacité d'utiliser pour ma production plus d'une fraction de mon temps libre. »

A Ferenczi, en juillet 1915 :
« A présent, vous êtes vraiment le seul qui travailliez encore à mes côtés. »

A Jones, en avril 1915 :
« Il m'arrive d'être dégoûté de la vie et de me sentir soulagé en pensant que cette dure existence aura une fin. [...] J'ai très durement travaillé et me sens épuisé, à bout de forces ; je commence à prendre ce monde en dégoût. L'idée superstitieuse que ma vie s'achèvera en février 1918 me devient plus agréable. Je suis quelquefois obligé de lutter beaucoup pour retrouver la maîtrise de moi-même. »

Et Jones qui, dans sa biographie de Freud, a reproduit cette dernière lettre (dont l'auteur est manifestement en proie à la dépression, au sens clinique du terme), conclut ainsi le chapitre qu'il consacre dans le tome II aux « Années de guerre » : « Les terribles années de guerre, la désillusion, comme il disait, qu'elles avaient suscitée, le bouleversaient évidemment beaucoup. »

Il n'est certes pas facile à des psychanalystes de retenir l'idée d'une causalité directe entre la Grande Guerre et ses conséquences, et l'introduction par Freud dans sa théorie au même moment d'une pulsion d'agression, de destruction, et de mort.

La difficulté provient de ce que la théorie psychanalytique, avec son idéologie d'une nature humaine au-dessus de l'histoire, ne permet pas la mise en relation de la vie psychique et d'événements extérieurs sociaux ou politiques, fussent-ils soumis à une crise majeure. Outre l'impossibilité théorique à l'heure actuelle d'une telle articulation s'ajoute le fait, de nature différente mais tout aussi important, que la psychanalyse, de par sa méthode d'observation et son dispositif, ne donne accès (nous reviendrons longuement sur ce point) qu'à une partie seulement de la personnalité individuelle ou collective. Même chez l'enfant et l'adolescent qui représentent pourtant son objet d'étude privilégié direct (les psychothérapies durant cette période) ou indirect (l'enfant qui s'exprime chez l'adulte sur le divan), le versant qui concerne la socialisation de la personnalité lui échappe.

Le texte de 1908, la *Moralité sexuelle civilisée et la maladie nerveuse contemporaine*, marque chez Freud la fin de la période où, sinon une véritable articulation théorique, du moins un lien existait entre le social et le psychique. Là où la répression sexuelle par la société était cause du refoulement sexuel chez l'individu — un refoulement lui-même générateur d'angoisse —, là où, donc, l'angoisse était la *conséquence* du refoulement, va bientôt succéder dans la nouvelle théorie des Instincts l'angoisse considérée *comme* cause du refoulement.

Le temps de la Grande Guerre constitue la rupture entre le XIXe siècle, naïf adorateur de la science, et un XXe siècle, dans lequel, de 1914 à 1945, il peut vraiment sembler qu'un Instinct de mort au service duquel la science se serait placée conduise la vieille Europe vers sa perte. La même période de temps est marquée dans la théorie psychanalytique par un retournement quasi complet des perspectives. Quant à l'angoisse, nous venons de le voir. Quant à l'agressivité et à l'Instinct de mort, désormais pulsions primaires et, donc, ainsi, largement au-delà des ressources thérapeutiques de la psychanalyse. Quant à la sexualité, enfin, devenue force de liaison et facteur d'espoir, et non plus l'agent perturbateur et la puissance de déliaison qu'elle représentait jusque-là.

Quand les psychanalystes, du moins les « non-croyants », cherchent des explications à la dérive mystico-cosmologique de Freud, ils prennent habituellement en compte deux séries de causes. D'une part, les deuils familiaux répétés qui assaillent Freud et qui sont en effet exceptionnellement nombreux. D'autre part, la révélation qu'il a de son cancer à la mâchoire. Mais les deuils qui frappent Freud sont, presque tous, postérieurs à la rédaction d'*Au-delà du principe de plaisir*[11]. Et c'est seulement en 1923 qu'il apprend l'existence de son cancer.

L'examen des dates conduit à observer que l'hypothèse de l'Instinct de mort est apparue avec la Grande Guerre. Et que

11. Parmi les deuils nombreux, relevons la mort de sa deuxième fille, Sophie, en janvier 1920, et peut-être surtout celle de son petit-fils Heinz, en 1923, qu'il aimait électivement et dont la disparition tua, dit-il, quelque chose en lui.

l'hypothèse s'est transformée en conviction à la suite des deuils et comme en contrecoup de l'évolution du cancer.

A ces divers traumatismes psychiques cumulés dans une période de temps relativement brève et à un âge avancé, nous en ajouterions, pour notre part, un autre encore, de même grandeur, et qui serait le déni catégorique de la biologie aux deux postulats de la « biologie freudienne ». Nous verrons dans la seconde partie ce qu'il en est des dates précises. Insistons seulement ici, de nouveau, sur le fait que, du début à la fin de son œuvre, Freud a toujours pensé que sa théorie de la vie psychique devait nécessairement s'ancrer dans la biologie. Il n'était tout simplement pas pensable pour lui qu'il pût en être autrement. Or, voilà que, de l'avis unanime des biologistes, les bases biologiques sur lesquelles il avait bâti son œuvre sont maintenant considérées comme infondées !

Osons une hypothèse. Pour Freud vieillissant — il a soixante-trois ans en 1919 —, une identité double existe, comme pour tout auteur qui a mené sa vie en parallèle étroit avec la création d'une œuvre. Dans le cas de Freud, et à cause de la maladie cancéreuse qui le ronge, qui l'a attaqué à la fois à la source de sa vraie puissance (le pouvoir d'interprétation par la parole) et au lieu de sa plus grande faiblesse psychologique (l'oralité archaïque à l'origine de sa toxicomanie du cigare), le contraste est particulièrement marqué entre les deux termes de l'identité.

D'un côté, dépérit le « corps de misère », le corps de chair.

De l'autre côté, ne cesse de grandir le « corps de gloire » de l'œuvre. L'œuvre dont l'audience croît et se développe dans les mêmes années où le cancer s'étend. L'œuvre qui agit profondément sur la culture de l'époque, suscitant un débat d'idées universel. L'œuvre, douée d'une jeunesse apparemment inentamable puisque, plus admirable encore que le Phœnix des légendes, il n'est pas besoin qu'elle meure pour renaître, dans les rééditions qui ne cessent de se succéder, dans les traductions neuves qui parviennent du monde entier au 21 de la Bergstrasse.

Est-ce au corps de chair qui chaque jour lui fait un peu plus défaut, ou bien est-ce à l'œuvre qui se lève sur le monde, que Freud vieillard s'identifie réellement dans le cours de ces années ?

Et, dans ce dernier cas, laissera-t-il la biologie des biologistes, fût-elle portée par cette « majorité compacte » (le mot est de lui) qu'il a toujours profondément méprisée, attenter au « corps de gloire » de l'œuvre ?

C'est à ce moment, sans doute, que l'assomption imaginaire et compensatrice du « corps de gloire » entraîne avec elle, à sa suite, les fantasmes et les désirs *inconscients* qui, alors et du coup, parviennent à franchir la barre des défenses.

Il faut certes, pour expliquer un tel franchissement, faire jouer son rôle à l'affaiblissement des défenses du fait de l'âge et sous le coup de la succession impressionnante des traumatismes personnels qui se sont succédé dans le prolongement de la grande épreuve de la guerre.

Pourtant cet affaiblissement des forces refoulantes n'est sans doute pas l'essentiel. Entre le « corps de gloire » de l'œuvre et les fantasmes inconscients refoulés, il s'est produit comme un court-circuit. Le refoulé fait retour dans la sphère consciente, d'abord faiblement, puis de manière irrésistible, sous la forme à peine déformée, très reconnaissable, de ce que l'on ne peut que nommer un noyau délirant à contenu cosmogonique. « Au fond, nous ne trouvons que ce dont nous avons besoin, nous ne voyons que ce que nous voulons voir. Nous ne pouvons faire autrement... »

Probablement, on peut du moins le penser, il en aurait été tout autrement si le divorce entre la biologie et la psychanalyse ne s'était accusé à la fin des années vingt et au long des années trente au point de devenir insurmontable. A présent que la « biologie freudienne » est tout entière passée du côté de l'irréalité, la « concordance avec la réalité extérieure » à laquelle Freud tenait tant a disparu ; elle qui était pour lui, il l'a écrit maintes fois, le signe tangible de la vérité objective. Au point où il en est maintenant, accepter le verdict de la biologie lui est devenu psychologiquement impossible, intolérable. Il est trop tard pour tirer la leçon de ce qu'il avait prévu et redouté quelques années plus tôt, lorsqu'il écrivait à la fin d'*Au-delà du principe de plaisir* : « La biologie est vraiment un domaine aux possibilités illimitées [...] nous ne pouvons pas deviner quelles réponses elle donnera dans quelques décennies aux questions que nous lui posons. Il s'agira peut-être de réponses telles qu'elles feront s'écrouler tout l'édifice artificiel de nos hypothèses [12]. » Il est trop tard pour repartir sur de nouvelles bases.

12. *Au-delà du principe de plaisir*, p. 110.

La barre des défenses franchie — sous le couvert, d'abord, et avec l'alibi de la curiosité scientifique —, rien alors ne peut plus empêcher que s'affirme, que se développe, au nom du « corps de gloire », et désormais sans retour en arrière possible, l'« emprise » implacable sur Freud de sa cosmologie mythologique et simplificatrice.

C'est la naissance, dans un *space opera* fabuleux venu tout droit de l'Inconscient, d'une « guerre des Étoiles » pour de petits et de grands enfants émerveillés. L'interminable lutte corps à corps des deux Instincts, l'embrassade violente et sensuelle et destinée à ne jamais finir du couple de l'Ange de vie et l'Ange de mort ne sont, peut-être, à la fin des fins, que l'ultime réponse de Freud à la grande interrogation angoissée venue de l'extrême enfance et qui l'a poursuivi toute sa vie.

Le Cosmos, ou la Chambre des parents. Le *space opera*, ou la vieille et toujours neuve scène primitive de toujours. La vie, ou la Mère. Le Père, ou la mort.

Chez le vieil homme des dernières années dont la vie ne paraît plus tenir qu'à un miracle de la volonté et dont les traits soigneusement composés d'un *Herr Professor* barbu et bourgeois ne laissent plus guère voir grand-chose de l'« aventurier », du « conquistador » qu'autrefois, dans sa jeunesse, il avait confessé être au fond (« avec la curiosité, l'audace et l'entêtement propres à ce type d'homme »), chez le vieillard Freud, donc, la grande interrogation négatrice du temps au point de mêler extrême enfance et vieillesse ultime n'est fort probablement pas celle mise en avant comme source universelle de la curiosité infantile et qui porterait sur l'« origine des enfants ».

Serait-il abusif, outrancier, scandaleux — ou simplement aventureux — d'estimer, déstatufiant le *Herr Professor* pour laisser vivre l'aventurier et son aventure intellectuelle (une des plus belles de l'histoire de la pensée humaine), que l'interrogation consciente et inconsciente qui a nourri l'œuvre de Freud aura été réduite à des mots simplificateurs : « Qui suis-je sexuellement ? Qui, alors que se heurtent en moi agonistement l'identification maternelle et l'identification paternelle ? Qui ? Homme *ou* femme ? Homme *et* femme ? » C'est-à-dire les termes mêmes du complexe d'Œdipe, tel que nous le définirons plus avant : non pas à l'âge œdipien, l'inexistante première poussée physiologique d'une sexualité génitale, mais une psychologique crise d'identité sexuée qui, pour chaque être humain, détermine son avenir sexuel. Une crise dont tout donne lieu de penser qu'elle fut exceptionnellement forte et prolongée chez un homme dont Jones a pu écrire : « Il existe peu d'hommes dont on puisse dire qu'ils ont traversé l'existence sans avoir jamais été érotiquement et de façon sérieuse troublés par une femme autre que la leur. [...] A cet égard, le fait de s'écarter de la moyenne des hommes, ainsi qu'une bisexualité marquée, a pu influer, dans une certaine mesure, sur les vues théoriques de Freud, possibilité dont il convient de se souvenir en les jugeant [13]. »

13. E. JONES, *op. cit.*, II, p. 445.

6

Critique de la notion de « nature humaine » chez Freud

A sa mort, en 1939, Freud laissait un héritage hétérogène et composite. Héritiers et successeurs l'ont accepté tel quel, sans faire jouer jamais la clause du « sous réserve d'inventaire ».

L'héritage comprenait deux parties.

La première était constituée de l'outil d'analyse des processus inconscients qu'est la méthode utilisée dans la cure. Si la méthode a évolué depuis Freud, le dispositif, lui, est resté inchangé ; il était parfait dès l'origine, déconnectant l'analysant de la réalité extérieure, lui faisant vivre un état mental particulier favorisant la régression et le transfert, réalisant comme une « hypnose au ralenti » (Ida Macalpine) mais qui n'abolissait pas la conscience.

Cette première partie de l'héritage comportait également une construction théorique qui avait été plusieurs fois remaniée et dans laquelle des chapitres entiers représentent des découvertes majeures et définitives : le transfert, la résistance, le refoulement, la projection, les identifications, le conflit intrapsychique, le complexe d'Œdipe... Si Freud n'a certes pas découvert la réalité de l'Inconscient, il a su imposer celle-ci à la psychologie, et il en a formulé les lois (les « processus primaires ») d'une manière qu'on peut estimer scientifique compte tenu de la nature de l'objet en cause.

L'héritage comprenait également une seconde partie, à savoir tout ce qui s'était construit à partir de la « biologie freudienne ». Du fait de cette seconde partie et à cause des deux postulats biologiques, la théorie dans son ensemble s'est trouvée placée dans l'impossibilité d'évoluer, se présentant comme valide telle quelle *ad aeternum* : la « nature humaine » est invariable, l'Inconscient est invariant, le complexe d'Œdipe est transhistorique, etc.

Une concordance sans faille, une logique absolument cohérente unissent dans l'immobilisme les postulats de la « biologie freudienne » et l'idéologie freudienne de la « nature humaine ». Cette « nature » se voit soumise à un déterminisme quasi absolu. L'*homo freudiensis* se présente comme traversé par des jeux de forces qui, dans les formulations successives qu'en donne Freud, ne peuvent qu'échapper toujours davantage au contrôle humain. En effet, si l'être humain pouvait encore en 1905 garder quelque espoir de « venir à bout du complexe d'Œdipe », tâche que « chaque nouvel arrivant dans le monde humain est mis en devoir d'affronter [1] », après 1920 que peut-il encore attendre des effets de son intervention, et même de l'action collective de l'humanité dans son ensemble, face au « combat de Géants » des Instincts de vie et de mort qui se déroule très loin au-dessus de sa tête dans une sphère supra-humaine ? Quant aux malheureux psychanalystes d'aujourd'hui, ils n'ont certes rien à espérer de la théorie pour comprendre les phénomènes psychologiques inédits apparus sur les divans : les facteurs socio-culturels peuvent bien frapper aussi fort qu'ils veulent à la porte de la « nature humaine », celle-ci affiche « complet » et n'a pas de place pour eux.

Une autre conséquence encore de l'existence des deux postulats est que, posant la biologie comme l'interlocuteur unique de la psychanalyse, Freud, autre paradoxe, a, du fait de ce naturalisme, considérablement banalisé la « dimension psychique » que son travail était parvenu à dégager. Cette « dimension » devient comme le simple sous-produit (ou le surproduit, peu importe) de processus biologiques. Freud, certes, a parlé d'un « saut du somatique au psychique » ; mais s'il marquait ainsi qu'il existait une solution de continuité entre les deux registres, il n'entendait pas signifier pour autant qu'il pût exister une vraie différence entre eux qui aurait comporté des logiques ou des lois particulières.

A lire Freud, l'énigme véritablement se banalise qu'est le rapport de l'esprit au cerveau ou bien l'apparition de la pensée

1. *Trois essais*, p. 170.

humaine à l'intérieur du règne animal. Tout paraît se passer comme si le cerveau neurologique était à même, tout naturellement, de « sécréter » la pensée sans que se pose le problème d'une telle transformation : « L'esprit et l'âme, écrit Freud dans une formule que nous avons déjà citée, sont des objets de la recherche scientifique exactement de la même manière que n'importe quelle chose étrangère à l'homme [2]. »

La thèse de l'hérédité des caractères psychiques acquis implique et suppose qu'un substrat biologique soit capable de « transporter » des pensées, c'est-à-dire, comme l'exprime Freud, « des souvenirs (*memory traces*, dans la traduction anglaise) de l'expérience des générations antérieures [3] ».

La phylogenèse freudienne comporte, de fait, non pas une, mais deux caractéristiques, toutes les deux niées par la biologie. La première concerne la fixation d'une expérience somatique individuelle dans le génotype, tel, chez Lamarck, l'exemple bien connu de l'allongement de cou qui serait devenu héréditaire chez les girafes en raison des efforts individuels pour atteindre le feuillage des arbres. La seconde, d'une tout autre nature, tient à l'affirmation que le souvenir psychique d'un événement particulier (par exemple celui du parricide originel) serait héréditairement transportable [4]. C'est à propos de ce dernier caractère que l'on peut parler d'une véritable biologisation de la culture.

De la relative mais incontestable réduction de l'esprit humain à la biologie et au neurophysiologique, découle chez Freud, en maints passages de son œuvre, une presque identité entre l'animal et l'homme. Par exemple, après avoir décrit l'appareil psychique humain à la fin du chapitre I de l'*Abrégé*, il ajoute : « Ce schéma général d'un appareil psychique est valable aussi

2. *Nouvelles conférences*, p. 212.

3. *Moïse et le monothéisme*, Std. Ed., p. 99.

4. Rappelons que pour les généticiens contemporains l'inné et l'acquis ne sont pas séparés ou opposés dans le cours du développement de l'individu ; la relation génome-phénotype n'est pas à sens unique. Pour Piaget et Waddington « le génome doit être conçu comme un système actif de réponses et de réorganisations faisant face au milieu sans le subir sans plus, mais utilisant ses informations au lieu de l'ignorer et de lui imposer son programme ». « Structure, organisme d'une part et milieu nourricier ne sont pas séparés, mais organisés en un système de régulation dont les propriétés tiennent davantage aux relations entre les éléments qui le composent qu'aux propriétés intrinsèques de chacun d'eux », conclut R. TISSOT dans la présentation, « Génotype et phénotype », de *Confrontations psychiatriques*, n° 27, 1986.

pour les animaux supérieurs qui ont avec l'homme une ressemblance psychique. Il convient d'admettre l'existence du Surmoi partout où, comme chez l'homme, l'être a dû subir, dans son enfance, une assez longue dépendance. La distinction du Moi d'avec le Ça est un fait indéniable. La psychologie animale ne s'est point encore appliquée à l'intéressante étude qui reste ici offerte. » Dans la théorie freudienne, les deux seules différences notables entre l'homme et l'animal tiennent, chez le premier, aux « fantasmes originaires » phylogénétiquement transmis et occupant chez l'homme la place tenue par l'instinct chez l'animal, et à la maturation physiologique sexuelle qui s'opérerait de manière discontinue en deux étapes séparées par une période de latence.

Dans une tout autre perspective, on peut penser (c'est notre cas) que, pour être valide, la formule de Goethe citée à plusieurs reprises par Freud comme ouvrant à la compréhension de la maturation psychique individuelle (« Ce que tes pères ont acquis, conquiers-le toi-même ») nécessite l'intervention d'un facteur non pris en compte ici, et qui est la société.

Substituer à l'impossible hérédité psychique organique la conception selon laquelle le psychisme individuel se développerait à l'articulation du cerveau organique et de la culture familiale et sociale ambiante présenterait pour le moins trois conséquences heureuses. Elle étofferait la « dimension psychique » bien davantage que ne le fait la biologisation exclusive. Elle assoirait sur des bases plus solides la spécificité de l'espèce humaine ; l'homme, rien qu'un animal certes, mais, aussi, un animal « autre », parce qu'il produit sa société et que sa société, en retour, le produit dans une interaction historiquement changeante, et cela dans des proportions qui n'ont rien à voir avec celles qui ont cours dans les sociétés animales. Dans l'espèce humaine, la place de l'instinct animal ne serait nullement tenue par des « fantasmes originaires » phylogénétiquement transmis, mais par la transmission sociale d'une culture. Et, enfin, troisième conséquence heureuse et non négligeable, on cesserait, sur un problème aussi important que celui de l'hérédité psychique, de se voir opposer une fin de non-recevoir, et doublement nous venons de le voir, par la biologie de notre époque.

Bien évidemment, si, en lieu et place d'une « nature humaine » invariable, se profile l'image d'un être humain ayant capacité à évoluer quand change la socio-culture dans laquelle il baigne (il faudrait, alors, préciser le caractère absolu ou relatif de telles transformations), c'est la théorie freudienne qui, dans sa dimension anthropologique, demande à être remaniée assez radicalement. Ou, plus précisément, dans ce cas c'est la psychanalyse qui, réduite à elle-même, se trouve dans l'incapacité de bâtir à elle seule une anthropologie, c'est-à-dire une mise en perspective de l'être humain dans son devenir historique.

L'intérêt de braquer systématiquement comme nous le faisons le projecteur sur les deux postulats de la « biologie freudienne » tient au fait que les modifications vraiment essentielles à apporter à la théorie psychanalytique se situent aux lieux et places occupés par ces postulats. Indiquons ce qui sera proposé dans la seconde partie :

A la place de l'hérédité organique de caractères psychiques définitivement acquis lors d'un mythique parricide originel *(Totem et tabou)* : une ontogenèse individuelle, durant l'enfance, en deux phases successives (archaïque et post-archaïque). Une substructure neurophysiologique particulière pour chacune de ces phases détermine des états psychiques eux-mêmes différents. Des socio-cultures variables travaillent diversement chacune de ces deux phases dont les logiques, exclusives l'une de l'autre, seraient, par leur lutte, à l'origine du refoulement primitif.

La biologie retrouve ainsi et alors ses pouvoirs d'explication, mais à l'intérieur d'un cadre plus général qui prend en compte dans l'espèce humaine une plasticité toute particulière des processus biologiques par rapport à la possibilité d'un travail sur eux par le social et par le culturel.

A la place de l'Instinct de mort : le caractère contraignant, compulsivement répétitif, de souvenirs inscrits non dans le patrimoine héréditaire, mais dans la substance cérébrale du sujet individuel lors d'une véritable « programmation » qui commencerait dès la naissance. La *mémoire acquise* occuperait ainsi une place majeure dans l'espèce humaine. Osons aller jusqu'au bout de notre pensée. Le cerveau humain : un ordinateur biologique, mais sans programme qui soit spécifiquement humain à la naissance. La « programmation » serait assurée par la société, par chaque société. Les grands besoins de l'organisme auraient ainsi à trouver satisfaction non, comme chez l'animal, sous la commande de l'Instinct, mais au travers des réseaux de faits de mémoire. Et, pour ces faits de mémoire, l'élément subjectif et déréel (*via* le fantasme), la non-accessibilité à une prise de conscience ultérieure, la fatalité répétitive seraient d'autant plus puissants et définitivement consignés que les souvenirs se seraient inscrits plus tôt dans le tissu nerveux, lors de la première phase archaïque.

A la place de la sexualité « élargie », dont ne serait conservée que la phase phallico-œdipienne (et seulement, nous le verrons, dans une dimension purement psychique) : le plaisir comme phénomène biologique élémentaire, la sexualité se plaçant dans son sillage et sous sa dépendance.

Tels sont les éléments que nous serons amené, à développer dans la seconde partie de ce livre.

7

Critique du déterminisme intégral de Freud, ou : à quoi bon la cure ?

Freud a de deux façons modifié notre manière de voir l'être humain : en montrant tout d'abord que dans la vie psychique le passé détermine à peu près complètement le présent et ensuite que cette détermination du présent par le passé échappe à notre conscience presque aussi complètement.

Que peut-on penser du déterminisme intégral de la doctrine freudienne ?

Il ne faut pas s'y tromper. Un autre paradoxe encore de la psychanalyse tient au fait qu'une méthode qui vise explicitement à la « libération » du sujet individuel véhicule une théorie implicite selon laquelle la pensée et l'acte humains sont totalement aliénés. L'inné commandant absolument à l'acquis, toute perspective du coup disparaît de la possibilité d'une autocréation humaine, qu'elle soit volontaire ou bien involontaire. La destinée de l'être humain soumise à une double compulsion de répétition (celle de l'espèce, celle de l'histoire personnelle) ne peut pas plus « s'ouvrir » à du nouveau que celle de l'animal manipulé définitivement par son instinct. « Le fondement phylogénétique prédomine à tel point sur les facteurs personnels, accidentels, écrit Freud, qu'il importe peu que l'enfant ait réellement tété sa mère ou qu'il ait été nourri au biberon [...] Il se peut même que la nostalgie [du sein] n'en soit ultérieurement que plus forte dans le second cas [1]. »

Dans la théorie psychanalytique, tout est joué à l'avance pour

1. *Abrégé*, p. 60.

l'individu bien avant qu'il naisse. Il faudrait ici citer de nouveau en son entier l'oracle délivré par Freud au petit Hans et qui vaut pour chaque être humain : « Bien avant qu'un petit Hans vînt au monde... »

Question : à quoi, alors, dans une perspective qui annihile à ce point toute liberté individuelle, la cure est-elle censée pouvoir servir ?

Pour les psychanalystes, la faible marge de liberté de l'individu viendrait de ce que les circonstances de la vie adulte font que, même avec la meilleure bonne volonté (inconsciente) du sujet, les « matériaux de base » manqueront en partie pour répéter intégralement le passé de son enfance. La liberté ne serait jamais que celle d'un « par défaut ». On ne rencontrera jamais, pour l'épouser, qu'*approximativement* une personnalité semblable à la mère ou au père, ou qui soit son contraire exact. Un peu de jeu intervient donc, par accident, dans la répétition, et qui procure une marge — faible — de liberté. La cure analytique accroît ce jeu, d'une manière différente de la précédente et qui ne manque pas, à bien la considérer, d'une ironique ambiguïté. On peut penser (je pense) que la doctrine freudienne veut, en effet, qu'on n'échappe (partiellement) au normotype de l'hérédité organique que pour tomber dans la névrose ou la psychose. La maladie mentale, pour Freud, serait la conséquence soit d'un « raté » dans l'hérédité organique de l'espèce (par exemple du fait d'une hérédité familiale qui distordrait organiquement le message phylogénétique), soit d'un « raté » dans la transmission même du message phylogénétique : des conditions d'enfance pathogènes qui distordraient le message. Dans le cas de *L'Homme aux loups*, l'opposition entre hérédité générique (porteuse du « fantasme originaire » de père castrateur) et enfance vécue (conduisant à un Œdipe inversé) est clairement explicitée par Freud.

La philosophie de la cure serait, alors, au-delà des faux-semblants, de permettre à l'adulte de vivre enfin une expérience conforme au scénario héréditaire de l'espèce, expérience que l'enfance du sujet n'avait pas permise. La cure : une véritable « normalisation » du conflit œdipien avec le père, de la culpabilité, du Sur-moi... Ainsi s'accomplirait *selon la norme générique* le « Ce que tes pères ont acquis, conquiers-le toi-même ». La norme générique : comme tes pères ; ni plus ni moins qu'eux. Une exacte duplication du message biologique culturel. Une copie conforme. La tradition générique intégralement reproduite.

En somme, en cas d'« hétérodoxie individuelle », la cure jouerait la partie du côté de l'orthodoxie générique. La psychanalyse aurait ainsi comme finalité de défendre le conformisme de l'espèce contre l'anticonformisme générique que représente la névrose. La distorsion du message phylogénétique fait d'ailleurs intervenir le phénomène dit des « séries complémentaires » par Freud : une pathologie de l'hérédité familiale ou une pathologie traumatique de l'enfance vécue peuvent aboutir à des effets tout semblables. Une hérédité familiale très pathogène ajoutée à une enfance dont les conditions objectives sont en elles-mêmes peu perturbées peut aboutir aux mêmes effets désastreux que ceux résultant d'une hérédité familiale à peu près normale et de conditions d'enfance très pathogènes.

Une telle philosophie laïque de la prédestination, un pareil calvinisme sans Dieu, sans foi, et sans Au-delà, commandent évidemment à l'homme de rester dans le droit chemin (générique) s'il souhaite éviter que ne s'accroissent outre mesure sa culpabilité et son angoisse. Plus sévère encore que le policier d'un État totalitaire, le gardien du Sur-moi veille de l'intérieur même de la personnalité à l'observation rigoureuse de la loi générique, et ce gardien-policier punira avec la même rigueur la simple intention et la réalisation.

L'« homme freudien » ne peut rien pour changer son destin qui est, ainsi, de suivre strictement la voie tracée par la phylogenèse[2]. Il lui reste pourtant — distinction d'avec l'animal — qu'il peut, grâce à la psychanalyse, connaître ce destin générique.

---

2. Une telle philosophie de l'impuissance sociale des êtres humains, ajoutée à la non-perception de la dimension sociale proprement dite et à une certaine déréalisation professionnelle du psychanalyste, n'est sans doute pas étrangère à ce que deux auteurs récents signalent : « On a l'impression [...] que les membres de la Société psychanalytique de Paris étaient insensibles (avant guerre) à l'actualité politique, à la montée du fascisme qui allait culminer avec l'arrivée au pouvoir de Mussolini, de Hitler et de Franco » (Pamela TYRELL, *La Plume sur le divan*, p. 40). « L'hitlérisme a imposé des forces contre lesquelles Freud et sa doctrine sont restés impuissants ; convaincu de l'immobilité des structures pulsionnelles propres à l'être humain et de l'univers dans lequel son destin s'inscrit, persuadé que rien ne pourrait changer fondamentalement le destin de l'homme, Freud, réfractaire à toute réflexion politique [...] » (Thierry FERAL, *Nazisme et psychanalyse*, p. 83). Cf. également Paul ROAZEN, *La Pensée politique de Freud*.

Un clivage entre ce qui est de la connaissance et ce qui est de l'acte, entre le Connaître et l'Agir, se lit comme en filigrane dans l'œuvre entière de Freud. L'esprit humain peut connaître scientifiquement la réalité ; c'est là l'honneur de l'espèce humaine, sa vraie noblesse. Mais l'homme, individuellement et moins encore collectivement, ne peut rien pour modifier l'*Ananke* inscrit dans ses chromosomes. La sagesse lui commande donc d'obéir strictement à l'immémorial Sur-moi paternel transmis par la phylogenèse et gravé en lui. Sur les divans, les révolutionnaires (en tout genre) s'assagissent, car les vents de la révolte ne peuvent que tomber. Don Juan, s'il s'allonge et s'il reste allongé, finira fatalement par offrir sa reddition au Commandeur, au Père. Prométhée — mais un Prométhée éternellement soumis, définitivement résigné à supporter le bec (multiforme) du grand vautour, et non pas le Prométhée gidien « mal enchaîné » — est le vrai héros freudien. Quant à ceux des humains qui entendraient pousser à la limite la part d'aventure autorisée à l'espèce, eh bien, il leur reste la recherche scientifique ; ou encore, pour les favoris de la mère, et qui ne craindront pas cette occurrence inquiétante, s'ouvre le champ hasardeux de la création artistique.

Freud, certainement, n'a rien d'un démocrate. Loin d'éprouver une particulière confiance à l'endroit des humains il pense que, dans leur majorité, ceux-ci, il l'a écrit textuellement, sont « des chiens ». Dans *Malaise dans la civilisation*, les masses instinctuellement frustrées ne pensent, comme les sous-hommes de *Métropolis*, qu'à détruire la civilisation qui s'est construite en les frustrant. De fait et de cœur, Freud représente le type même du conservateur élitiste et pessimiste. Une aristocratie qui n'est celle ni de la naissance ni de l'argent, mais celle des héros civilisateurs, parmi lesquels — et pourquoi non ? — il se compte. Les foules, les masses, les collectifs font régresser l'esprit humain au grégarisme originel dont l'individu s'est lentement (et bien complètement dans la plupart des cas) sorti. L'idée que, par son appartenance à un groupe, l'individu puisse accéder à certaines formes de connaissance (sociale) qui échapperaient de droit et de fait à l'individu isolé lui est absolument étrangère, et lui paraîtrait tout à fait absurde. Il ne s'intéressa guère à la grande machinerie de l'Association internationale, dont Jones, en l'espèce, fut le saint Paul. Ne compta vraiment pour lui que le petit cercle des élus, des sept fils cooptés, liés à sa personne par un pacte secret et porteurs désignés de la bague qu'il avait fait graver à leur intention.

Les seules vraies valeurs pour Freud sont celles de la science, de la connaissance, de la raison, celles grâce auxquelles un peu de lucidité consciente s'ajoute à l'immense inconscience du monde. Aussi la cure, expérience strictement individuelle, épreuve de type ascétique qui conduit à la connaissance, est-elle bien davantage pour Freud une initiation à la connaissance qu'une thérapeutique.

Connaître.

Sans jeu de mots excessif, on peut avancer que l'activité humaine tout entière se réduit pour Freud, et pour les psychanalystes orthodoxes, à l'acte *gratuit* (connaître pour seulement connaître) ; à l'acte *normatif* (la cure recodant l'enfance historique de l'individu selon les normes de l'espèce) ; et, enfin, à l'acte *manqué* (tout ce par quoi l'Inconscient se manifeste dans la vie quotidienne). L'acte innovateur et réussi, l'acte individuel ou collectif que, dans notre langage personnel, nous nommons l'« Actepouvoir », à savoir l'acte qui s'essaie à maîtriser consciemment son pouvoir de modifier l'environnement — ces actes n'ont pas de réalité pour Freud. Bien au contraire, pour le Freud d'après-guerre, que l'expérience du communisme et du nazisme va encore, et c'est bien compréhensible, renforcer dans son conservatisme social, toute tentative en ce sens ne peut qu'aggraver la situation si elle ne se contente pas du but que le destin une fois pour toutes a fixé. Si la sagesse goethéenne, cela a été souvent dit, est celle du renoncement, le maître mot de la sagesse freudienne est la résignation.

Résignation, car l'impuissance humaine à pouvoir agir heureusement sur son destin est pour Freud encore plus totale que ne le laisserait penser la seule perspective déterministe. En effet, au-dessus des astreintes programmées de l'espèce humaine, au-dessus des scénarios obligés, au-dessus des fantasmes originaires qui sont comme tatoués dans la substance héréditaire de l'espèce, un « combat de Géants » d'une tout autre ampleur se déroule, très au-dessus des possibilités d'intervention des humains. Ces derniers satisferaient-ils aux exigences de l'hérédité psychique organique qu'ils n'en seraient pourtant pas pour autant à l'abri des aveugles retombées sur leurs têtes du combat des deux Instincts. Tout juste peuvent-ils se répéter, ces humains impuissants, la conclusion de *Malaise dans la civilisation* (1929-1930) :

> « Et maintenant il n'y a plus qu'à espérer que l'autre des deux "puissances célestes", l'éternel Éros, fasse un effort pour s'affirmer dans la lutte qu'il soutient avec son tout aussi immortel adversaire. »

Un tel espoir, si modéré soit-il, est lui-même à tempérer sérieusement puisque, à partir de 1931, dans les rééditions du livre, Freud ajoute à ces lignes qui étaient les dernières de l'essai, une ultime phrase : « Mais qui peut prévoir avec quel succès et avec quel résultat [3] ? »

Une telle philosophie du fatalisme, ce pessimisme social absolu, la perspective selon laquelle l'homme ne peut fondamentalement rien — hors connaître, seule voie par laquelle il échappe à la « castration psychique » — ne sont certes pas étrangers au caractère lui-même de Freud. Que pourtant la voie de la connaissance objective reste ouverte à l'homme, cet aspect de l'humanisme classique le sépare des grands nihilistes comme Schopenhauer et Nietzsche dont, par ailleurs, il est si proche. Cet humanisme scientifique l'oblige dans un certain nombre de cas à prendre des positions qui l'éloignent du simple conservatisme borné. Sa « bête noire », c'est tout ce qui prétend s'opposer à la liberté de connaître, à la liberté de *chercher à connaître*. D'où son éloignement progressif de l'hypnose, dans laquelle le sujet hypnotisé perd sa liberté ; d'où son combat contre la religion, assimilée par lui à l'obscurantisme, la religion avec sa prétention à posséder la vraie connaissance ; d'où sa répulsion en politique envers la force brute qui entend imposer sa vérité à elle et interdire la libre discussion. La cure psychanalytique, dans sa quête d'une vérité cachée, répond à son idéal éthique.

Au-delà des seuls aspects qui tiennent au caractère de Freud, la philosophie freudienne, cet intégrisme du déterminisme, répond, aussi et surtout, à ce qu'enseigne la cure à tout praticien. L'expérience ne peut en effet que le conduire à penser qu'il n'apparaît jamais rien dans la cure qui n'ait été déterminé à l'avance par le passé de l'individu. Les espoirs de changement

3. *Malaise dans la civilisation*, Std. Ed., 21, p. 145.

eux-mêmes dépendent étroitement de désirs présents dans l'enfance que les choses fussent autres qu'elles n'étaient ; le modèle de tels désirs serait le « roman familial », décrit par Freud, dans lequel l'enfant s'invente des parents imaginaires et idéaux.

Dans les psychanalyses de groupe, le phénomène de répétition est encore plus spectaculairement évident. Car le passé s'y réveillant avec sa chaleur et son intensité natives par le fait ici que les participants non seulement revivent leur enfance, comme c'est déjà le cas sur le divan, mais la répètent activement dans leurs rapports mutuels, il n'est aucun sentiment exprimé, aucune parole dite, aucun geste fait, aucun comportement manifesté qui ne puisse être immédiatement ramené au passé.

Le déterminisme intégral de la théorie psychanalytique est donc, à l'expérience, en concordance avec le fait clinique que dans la cure le présent répète le passé d'une manière qui reste toujours impressionnante pour le praticien, même après des années de pratique. Quotidiennement, séance après séance, la preuve se trouve apportée continuellement que des souvenirs passés, et non présents à la conscience, interviennent à l'insu du sujet pour déterminer l'orientation de son discours, ses choix de vie, ses comportements relationnels. Tel est l'enseignement majeur, l'apport qui paraît définitif du génie freudien.

Cette situation conduit pourtant à se poser deux questions qui sont fondamentales bien qu'elles ne soient jamais formulées par les psychanalystes. Deux questions auxquelles ni la théorie ni la pratique psychanalytiques ne peuvent à elles seules répondre.

Première question : la répétition du passé dans le présent de la cure est-elle, comme Freud paraît bien l'indiquer, la double répétition du passé *générique héréditaire* et du passé particulier à une enfance individuelle ? Ou bien ne serait-elle pas plutôt une répétition en effet double, mais de l'*enfance socio-culturelle* propre à une certaine société (avec certains éléments variables selon les appartenances sociales particulières) et du passé particulier à une enfance individuelle ? La cure : expérience vécue de normalité générique ou bien de normativité socio-culturelle ?

La seconde réponse paraît être la bonne. En tout cas, un

certain nombre d'arguments plaident en ce sens. Par exemple, les expériences de psychanalyses individuelles ébauchées avec des adultes Dogons par les psychanalystes Parin et Morgenthaler [4]. L'individualisation de la relation avec l'analyste, dictée par le dispositif de la cure, suscitait assez vite une résistance particulière chez l'analysant, et cela en raison, d'après les auteurs, de la contradiction entre ce que la régression induisait — la répétition d'une enfance de type collectif avec ses fantasmes et ses images propres — et l'individualisation forcée actuelle. Bruno Bettelheim a de son côté décrit un processus assez semblable pour les enfants élevés dans les kibboutzim israéliens [5].

Si les effets de l'influence socio-culturelle peuvent varier selon l'appartenance sociale, il existe pourtant toujours un modèle idéologique dominant qui coiffe l'ensemble d'une société. C'est en ce sens que j'écrivais voici déjà de nombreuses années : « La cure rend moins névrosé, et plus idéologiquement conformiste [6]. » Dans nombre de cas, il est indéniable que le gain retiré est appréciable. Dans nombre de cas ; pas dans tous les cas.

La seconde question est tout aussi fondamentale. S'il est exact que, dans la cure, le présent apparaît comme étant la répétition quasi absolue du passé, peut-on pour autant prétendre que la totalité de la vie psychique de l'individu adulte s'exprime sur le divan. Autrement dit, la cure et la théorie psychanalytique censée refléter la clinique de la cure donnent-elles accès à l'*intégralité* de la vie psychique adulte. C'est là évidemment une question de fond qui pose le problème des limites de la psychanalyse.

A mon sens et si j'en crois ma double expérience, celle de psychanalyste et celle de praticien du champ social, la cure et la psychanalyse ne pourraient rendre compte que d'*une partie* de la vie psychique adulte, celle en rapport avec la répétition du passé infantile. Les conditions pratiques dans lesquelles se déroule la cure et qui conditionnent l'état psychique particulier de l'analysant (l'isolement, un certain degré de déprivation sensorielle, l'individualisation, la position étendue et l'abolition

4. Parin et Morgenthaler, *Les Blancs pensent trop.*
5. Bruno Bettelheim, *Les Enfants du rêve.*
6. *Pour décoloniser l'enfant*, Payot, 1971.

de la motricité, etc.) produisent une *régression*, au sens psychanalytique du terme. Avec pour résultat que, chez l'adulte allongé, c'est l'enfant qui parle, et lui seul ou à peu près. Pourtant, chez le même adulte, mais en situation habituelle, un autre personnage existe à côté de l'enfant, certes étroitement dépendant de celui-ci et largement dominé par lui. C'est sans doute ce que voulait exprimer Anna Freud quand elle écrivait que les psychanalystes connaissent mieux l'Inconscient que le Moi de leurs patients[7]. Ce serait grâce à ce second personnage, dont le *focus*, le champ d'activité ne sont plus l'enfance mais la vie sociale actuelle, que l'individu, l'être humain, échapperait *en partie* à la répétition intégrale du passé, au déterminisme absolu. Ce second personnage dont la connaissance échappe de droit et de fait à la psychanalyse, nous allons le retrouver dans un certain nombre des chapitres qui suivent. Étant certes entendu que le Moi psychofamilial (autrement dit le premier personnage) et le Moi psychosocial (le second personnage) ne sont pas aussi complètement séparés l'un de l'autre que l'opposition de ces termes pourrait, à tort, le laisser supposer.

---

7. Anna FREUD, *Le Moi et les mécanismes de défense.*

8

Les analysants d'aujourd'hui ne sont plus ceux du temps de Freud

Aucun analyste, quelle que soit l'école à laquelle il appartient, n'a aujourd'hui le moindre doute sur le fait que le discours du patient renvoie au passé de celui-ci. C'est même là, dans l'incertitude théorique actuelle, probablement le seul point dont il soit convaincu au plus intime de lui-même. Une telle certitude est un nord magnétique à partir duquel il peut mener sa navigation et conduire la cure.

Pourtant le rapport de l'analyse au passé de l'analysant, s'il n'a jamais été simple, ne laisse pas de s'être singulièrement compliqué de nos jours. Avant d'observer ces complications, rappelons certains points de ce qu'est une analyse. Et, tout d'abord que la bouche du patient n'est d'aucune manière une machine à débiter du passé *objectif.*

En effet entre le passé objectif qui fut celui du patient lorsqu'il était encore enfant et le discours actuel dans lequel, quand bien même il est parlé du présent, le passé, nous l'avons vu, s'y reproduit toujours répétitivement, deux opérations de filtrage ont eu lieu. Et, dans le travail de l'analyse, le démontage, la mise à jour de ces filtrages sont, à vrai dire, plus importants que la connaissance du passé lui-même. Le patient en viendrait-il à connaître parfaitement son passé objectif, rien pourtant ne changerait probablement en lui. La reconstitution de la biographie objective est d'effet nul quant à un véritable changement psycho-affectif.

Le premier filtrage tient à ce que tous les événements survenus, et dont la somme constitue le passé objectif, ont été saisis à l'époque par l'enfant non pas immédiatement, mais *médiatement* au travers de fantasmes, au travers d'une psycho-affectivité organisée déjà en fantasmes. Désirs et craintes, amour et agressivité, plaisir et déplaisir, félicité et angoisse métabolisent le réel en éléments d'une subjectivité tout aussi agissante que la réalité objective. Et cela qu'il s'agisse du nourrisson chez qui la perception objective est des plus faibles, ou bien de l'enfant de trois ans chez lequel les événements sont appréhendés et dotés de sens au travers d'une personnalité dont l'un des éléments constituants est l'Inconscient avec les fantasmes de la phase archaïque.

Le second filtrage, lui, est opéré par les formes et structures psychiques sous lesquelles la personnalité du patient étendu sur le divan s'est organisée. En effet, les fantasmes inconscients et conscients dont il était question à l'instant sont à appréhender à l'intérieur d'un ensemble plus complexe qui comprend les pulsions, les défenses, le Moi et ses investissements, les conflits prévalents, etc. Au plan théorique, la perspective métapsychologique et son triple point de vue topique, dynamique, économique, permet l'appréciation de ces diverses composantes de la personnalité et surtout de la manière dont elles se positionnent entre elles. Au plan technique, la connaissance du type de névrose permet de conduire la cure de manière adaptée. Les fantasmes inconscients peuvent être relativement semblables dans une névrose obsessionnelle, dans une hystérie, ou chez un malade psychosomatique, ils sont pourtant à considérer à l'intérieur de la structure d'ensemble à laquelle ils appartiennent.

Certes, à la limite, un guidage purement empirique ou opportuniste de la cure pourrait se concevoir en s'aidant du seul maniement de la régression et du transfert et grâce à l'analyse du contre-transfert. L'analyste expérimenté a, au long des années et des décennies, suffisamment développé son sens intuitif (son *insight*) de ce qui se trouve en jeu entre lui-même et l'analysant pour évaluer ce qui se trouve en jeu intrapsychiquement chez ce dernier.

Il faut pourtant introduire deux restrictions quant à la fiabilité d'une telle intuition. En effet, celle-ci, tout d'abord, n'a pu se développer qu'en s'appuyant sur la connaissance de paramètres théoriques précis concernant les deux filtrages précédemment évoqués. D'une certaine manière, tout se tient dans la théorie freudienne, du moins dans une large mesure, et c'est précisément la solidarité des éléments de la théorie qui rend si difficile sa remise en cause. Par ailleurs, seconde restriction, s'il est exact que l'analyste n'a pas à se lancer à tout instant dans une analyse théorique, qui d'ailleurs gênerait son écoute, il n'en est pas moins vrai, à certains moments, que la nécessité se présente impérativement de procéder à un tel examen théorique. Lequel implique que l'analyste en ait les moyens à sa disposition. Théorie et pratique sont donc complémentaires en psychanalyse.

Que le contenu de certains des paramètres théoriques vienne à changer et, on le comprend facilement, l'intuition cessera d'être fiable et l'examen théorique deviendra des plus hasardeux.

Or, de tels changements se sont produits et continuent de se produire en France depuis les années cinquante. Depuis cette époque, certains psychanalystes ont alerté leurs collègues à maintes reprises à leurs propos. Qu'il s'agisse d'analystes qui exerçaient déjà leur métier avant la guerre (Nacht, Mâle, Held) et qui étaient ainsi à même de percevoir les modifications qui intervenaient ; soit qu'il s'agisse d'analystes plus jeunes et essayant de travailler sur des modèles théoriques moins figés. Parmi ces derniers, il convient de signaler en tout premier lieu les travaux de Jean Bergeret qui, étudiant ce qu'on nomme les états-limites, a développé à partir de la clinique de ces nouvelles structures pathologiques des conceptions théoriques portant sur l'existence d'une « violence fondamentale » dans la première enfance [1] ; on pourrait d'ailleurs assez aisément trouver des points d'accord entre ce que nous nommons l'Archaïsme et cette violence fondamentale.

En bref, les patients que nous observons sur les divans ne correspondent plus, en nombre toujours plus élevé, aux descriptions de Freud. Il peut s'agir d'entités nosologiques neuves (ou devenues à présent non exceptionnelles) : névroses de caractère, névroses narcissiques, névroses « blanches », états-limites ou *border-lines*... On peut également observer avec une fréquence beaucoup plus grande la présence de mécanismes régressifs très profonds (identification fusionnelle, clivages massifs, identifications projectives...). Le Père œdipien n'occupe plus de manière aussi privilégiée qu'autrefois la place centrale

1. Jean BERGERET, *La Violence fondamentale.*

désignée par Freud dans le psychisme, l'imago maternelle lui disputant cette place. Les résistances apparaissent moins mobilisables, l'agressivité fantasmatique prend des formes davantage archaïques et toxiques, en même temps qu'une forte composante narcissique intervient maintenant dans presque chaque analyse.

Le contenu traditionnel des paramètres théoriques ne paraît pas suffire à rendre compte de ces états nouveaux ; il semble nécessaire d'introduire de nouveaux paramètres qui s'ajouteraient ainsi aux anciens. Tout se passe, en somme, comme si les cartes de navigation étaient pour partie devenues infidèles ou incomplètes. C'est ce que probablement entendait exprimer l'exclamation très significative, mais qui, tombée dans le vide, fut vite recouverte des propos lénitifs habituels, l'exclamation d'un psychanalyste émérite déclarant voici quelques années dans une réunion psychanalytique : « Je voudrais bien qu'on m'explique ce qui se joue sur nos divans depuis un certain nombre d'années, car, pour moi, je n'y vois plus goutte ! »

Il peut apparaître surprenant que ce soit après vingt ou trente ans du constat clinique que les patients ont structurellement changé, que les analystes commencent seulement à admettre l'existence de tels changements. Mais c'est aussi que, comme nous l'avons vu, rien dans la théorie ne permettait de prévoir leur survenue ou d'expliquer le pourquoi de cette survenue. Encore moins permet-elle — la théorie sous sa forme actuelle — d'analyser le contenu des changements. La théorie freudienne, nous l'avons dit et redit, est par essence « non évolutive », fixée *ad aeternum*. Comment pourrait-il en effet en être autrement avec un complexe d'Œdipe invariant et une nature humaine invariable !

Pour reprendre l'image des deux « filtres » psychiques successifs au travers desquels le passé objectif du sujet est métabolisé — les fantasmes inconscients (et leur contenu) et la structure de la personnalité —, des variations se sont introduites dans ces « filtres ». Or, la théorie de ces variations, ne se construisant pas et ne pouvant l'être dans les conditions actuelles d'une idéologie de la nature humaine, le psychanalyste ne peut saisir que très incomplètement la nature du lien entre le discours du patient et la structure de sa personnalité ou ses fantasmes inconscients. Dans une large mesure, le psychanalyste se trouve alors réduit à l'empirisme d'une navigation à l'estime et au jugé. Dans le cas de certains de ces « nouveaux patients », il n'est d'ailleurs pas sûr que la seule interprétation puisse suffire et que ne deviennent pas nécessaires soit des interventions plus directes de l'analyste, soit certains aménagements dans la cure. Mais, là encore, l'empirisme individuel demeure la règle sans pouvoir nourrir la théorie. De même, nous le verrons dans la seconde partie, certaines « révolutions » touchant au contenu de l'interprétation restent pour l'essentiel « silencieuses », ne sont pas explicitement reconnues dans leur nouveauté assez radicale, et demeurent isolées et à l'écart du corps de la théorie classique [2].

Si l'on tient à comprendre les raisons profondes d'un tel état de fait, il ne paraît guère possible de ne pas dire un mot de celui-là même qui vit en permanence cette situation : le psychanalyste ; pour reprendre l'image des « mères porteuses » utilisée en ouverture à ce livre, il continue certes de prêter, de louer son Inconscient, mais à de nouveaux locataires devenus très difficiles ou bien impossibles à comprendre au plan de l'intelligibilité théorique.

Freud a parlé des trois « métiers impossibles » que sont ceux de parent, d'homme politique, de psychanalyste...

L'« impossibilité » de cette dernière profession tient, pour une large part, à ce que l'analyste travaille en permanence au contact de l'irrationnel. Cette situation à haut risque est encore aggravée par un phénomène que l'on pourrait nommer celui de la « bulle close ». Expliquons-nous.

Une des perspectives défendues dans ce livre (je ne suis pas le seul à penser ainsi) est que le matériel *spécifique* sur lequel travaille l'analyste est le fantasme relié directement, nous le verrons plus loin, aux affects de plaisir et de déplaisir, un fantasme qui est par nature inconscient. Notre connaissance de la vie fantasmatique et inconsciente (qui se déroule à chaque instant en parallèle avec la vie psychique consciente) s'opère de

2. *La Crise de générations*, Payot, 1969, Deuxième Partie, chapitre 2 : « Le versant paternel du conflit œdipien ou d'une révolution silencieuse dans la clinique de la cure. »

trois manières, par trois voies. *Via* le langage qui véhicule de diverses manières des fragments de fantasmes, certes déformés, mais dont il est pourtant possible dans certains cas et sous certaines conditions de reconnaître la provenance. *Via* le rêve, et plus précisément, quand, par l'analyse des éléments du rêve, on ramène le contenu manifeste au contenu latent. Mais aussi, *via* une certaine forme d'« induction intuitive » qui, à partir de l'attention portée dans le discours du patient au mode d'association des idées, à la répétition de certains contextes associatifs, de certains thèmes, à la prise en compte de bien d'autres facteurs encore, permet d'avoir idée (et là intervient bien entendu l'analyse du contre-transfert) de la nature du fantasme inconscient.

Le psychanalyste est donc quelqu'un qui, dans l'exercice de sa profession, vit par définition au contact rapproché de l'Inconscient et, donc, de l'irrationnel. L'une des conséquences pratiques de cet état de fait, et c'est là sans doute l'un des aspects de sa « maladie professionnelle », est que se manifeste généralement chez lui une baisse appréciable du sens de la réalité, une *déréalisation* relative. Exceptionnels apparaissent les analystes chez qui un sens pratique particulièrement développé a permis d'équilibrer l'habituelle fluidité professionnelle du rapport au réel. Il n'est pas impossible à cet égard qu'une certaine crispation, assez répandue, de l'analyste dans son rapport à l'argent puisse représenter un mode de défense contre la déréalisation telle qu'elle est vécue. L'argent, en somme, comme facteur d'accrochage au réel.

Le phénomène de la « bulle close » est d'une autre nature que la déréalisation relative ou que le haut risque dû à la proximité de l'irrationnel. Je partirai, pour le faire comprendre, du dessin devenu tellement fréquent dans les journaux dans lequel une « bulle » s'échappe des lèvres du patient allongé sur le divan, une « bulle » au contenu hétéroclite : des mots, des lettres, des images, des interjections qui, en règle générale, se chevauchent, se superposent. Outre ce contenu, la bulle présente une autre particularité : se comportant comme la corde dans le célèbre tour des prestidigitations des fakirs hindous, elle se dresse en l'air sans appui extérieur.

Ce que je prétends (d'où cette image), c'est que l'analyste contemporain vit pareillement dans la croyance implicite que la « bulle » qui s'échappe des lèvres du patient est close et que, née d'elle-même par une sorte d'Immaculée Conception, elle existe sans avoir à se référer à rien d'autre.

Pour son travail l'analyste n'a à tenir compte de rien d'autre que du contenu de la bulle. Rien ne l'oblige à prendre en compte le fait que ce contenu, à savoir le discours qui se déroule, se rattache nécessairement quelque part à un cerveau humain en vie et à une société en activité. Chez l'analyste, l'isolement durant le travail, la nature si inhabituelle de la relation, le fait de n'être pas vu, l'immobilité, une certaine déprivation sensorielle chez lui aussi créent les conditions d'un vécu d'immatérialité relative. Ne pourrait-on prétendre qu'à l'« hypnose au ralenti » du patient, à ce quart d'hypnose en quelque sorte, correspondrait un quelque huitième ou seizième de la même hypnose chez l'analyste ?...

Le discours du patient se déploie dans un ailleurs que l'atmosphère terrestre, dans la non-pesanteur du vide éthéré. La bulle close habitée de mots flotte entre haut et bas dans la pièce silencieuse et comme hors du monde où l'analyse a lieu. Elle flotte, elle est là, c'est certain, elle occupe le moindre volume de l'espace, elle monopolise l'attention (l'« attention flottante ») de l'analyste ; et pourtant cette bulle et ces mots qui sont le pain quotidien, en tous les sens du terme, du psychanalyste, il ne pourra jamais ni les voir ni les toucher, comme si tout ce qui était là en jeu concernait une substance immatérielle. La bulle déroule son contenu comme celui d'un *cartoon*, mais qui serait dessiné avec une encre invisible. Les idées qui s'expriment s'associent entre elles d'une manière qui n'obéit plus à la logique habituelle. L'analyste a été formé (déformé) à imaginer derrière ce qui se présente à lui sans forme directement perceptible (le discours du patient) un sous-ensemble fantastique et fantasmatique (le fantasme inconscient) qui, en ce qui le concerne, n'est plus du tout accessible à aucun des sens : l'ouïe la plus fine, l'oreille la plus exercée sont mises ici hors jeu. Seule l'analyse de son contre-transfert par le praticien (mais là encore sa main broie du vide) permet d'avoir accès à ce sous-ensemble fantasmatique.

Pour Freud, la situation, du moins dans sa tête, se présentait de manière fort différente. La bulle n'était nullement « close ». Contenant et contenu se rattachaient sans la moindre solution de continuité à des cellules, à des tissus, à des organes vivants, à des pulsions d'origine biologique, en un mot à la biologie telle qu'on la pratique dans les laboratoires. Contenant et contenu se raccordaient à un corps humain parcouru et dynamisé en son entier par la sexualité, force vitale présente de manière concrète dans un produit chimique, la libido, qu'on parviendrait un jour à concentrer, à purifier, dans les cornues du biochimiste et finalement à isoler. Contenant et contenu, enfin, se rattachaient à des « fantasmes originaires » portés par la substance biologique de l'hérédité, et qui sait même si, un jour, ces fantasmes venus de la nuit des temps, on ne les verrait pas apparaître dans l'œil du microscope ?

Et cette idée qu'exprima certain jour devant moi un psychanalyste, qui peut savoir si Freud ne l'aurait pas lui-même partagée ? Idée que, dans un futur relativement proche, le psychanalyste assis dans son fauteuil aurait devant lui un terminal lumineux et polychrome aussi perfectionné que le tableau de bord d'un Boeing actuel, une sorte de scanner perfectionné sur lequel, pendant la séance, les courants d'action à l'œuvre dans le cerveau du patient se liraient en rangées de points lumineux et clignotants, où les résistances et les blocages se détacheraient comme en relief, où les mots clefs, les affects, les fantasmes scintilleraient, formes multicolores, insistantes, plus ou moins intensément figurées selon les instants ; sur lequel un *Tilt*, ou son équivalent visuel, s'allumerait vivement au moment d'une interprétation particulièrement bien venue. Je ne jurerais pas que l'idée en elle-même eût parue invraisemblable à Freud. Ce dont je suis tout à fait sûr, en revanche, c'est que les psychanalystes d'aujourd'hui, « débiologisés », dématérialisés et déréalisés, seraient davantage prêts à accepter la perspective wellsienne d'une machine à explorer le temps que l'hypothèse d'un tel outil à explorer le psychisme !

Pour Freud, tout, en psychanalyse, était directement et immédiatement lié à la matérialité. Les psychanalystes contemporains, eux, vivent hors la notion d'une matérialité d'origine (qu'elle soit neurophysiologique et/ou sociale, peu importe) qui produirait (d'une manière qui reste certes à élucider, si tant est que la chose soit possible) le discours du patient, la conscience, l'Inconscient. Freud à propos de l'homme dans son rapport à l'animal tirait probablement un peu court, mais l'analyste d'aujourd'hui vise si long que son tir se perd pour ainsi dire à l'infini. Si, à la fin de sa vie et tout en croyant de bonne foi qu'il continuait d'étudier l'irrationnel d'une manière rationnelle, Freud vivait de fait le rationnel sur un mode en partie magique, de nos jours l'analyste, lui, sous le couvert de rationalisations diverses et multiples vit aussi bien l'irrationnel que le rationnel sur un mode qui est devenu entièrement magique : la « bulle » tient en l'air par ses seules forces, elle ne se rattache à rien qui soit matériel.

C'est là ce que l'on pourrait nommer, par référence au tour de la corde du fakir hindou, la « mentalité fakiriste du psychanalyste contemporain ».

9

La mentalité fakiriste du psychanalyste contemporain

Ce qu'est la « mentalité fakiriste » et où elle conduit, la citation d'un des meilleurs psychanalystes contemporains permettra de le saisir au vif : « La qualité d'une théorie, écrit-il, n'a que peu à faire avec l'erreur ou la vérité qu'elle comporte [...] elle dépend avant tout de sa possibilité d'engendrer d'autres théories ou d'autres fantasmes [1]. »

Cette position paraît assez représentative de l'état d'esprit du psychanalyste de notre temps. Fantasme et théorie sont placés, de manière explicite, sur le même plan. La cosmogonie mythologique freudienne se voit ainsi d'une certaine manière légitimée : peu importe, alors, en effet, qu'elle soit « erreur ou vérité », puisqu'elle fait fantasmer.

Aujourd'hui, le psychanalyste ne se donne plus le ridicule de polémiquer avec la biologie officielle. A quoi bon ? Tout est vrai : la sexualité des physiologistes, et des endocrinologues identifiée grâce à la biochimie, et la sexualité freudienne, l'Éros, l'Instinct de vie qui, semblable à l'attraction passionnée et passionnelle de Charles Fourier, attire et réunit aussi bien les cellules vivantes que les molécules ou les planètes. Tout est

1. In recueil collectif, *Corps et histoire*, Les Belles Lettres. Pour mesurer l'écart par rapport à Freud, citons un passage de la 35e Conférence : « Selon la doctrine anarchiste, il n'y a absolument aucune vérité, aucune connaissance assurée du monde extérieur [...] Étant donné que le critère de vérité, la concordance avec le monde extérieur, a disparu, il est tout aussi indifférent de savoir quelles opinions nous soutenons. Toutes sont également vraies et également fausses. » Et Freud, dans la suite du texte, s'insurge très violemment contre une telle thèse.

vrai : l'hérédité des généticiens modernes et l'hérédité selon Lamarck.

Pourtant, à côté de la dérive illusionnante liée, probablement de manière inévitable, à la profession de psychanalyste, il faut sans doute faire jouer un rôle ici à l'un des traits les plus forts du XXe siècle, la perversion du langage utilisé en toute indifférence à ce qu'est la réalité. Si une telle perversion s'est développée avec le maximum d'ampleur dans les régimes totalitaires, l'observateur impartial qu'était Orwell remarquait déjà que, dans les démocraties, la notion de vérité objective s'est également affaiblie.

Pour que la confusion entre fantasme et réalité objective s'installe de manière aussi extrême chez les psychanalystes, il y faut certainement des causes très actives, la profession et l'air du temps se confortant alors mutuellement.

A l'autre extrême du spectre, la position positiviste, tout autant extrémiste, n'est pas non plus à l'abri des critiques. Il n'est certainement pas exact, pour citer Freud, que « [...] l'esprit et l'âme sont des objets de la recherche scientifique exactement de la même manière que n'importe quelle chose étrangère à l'homme ». Il n'est pas raisonnable de prétendre que le fonctionnement psychique de l'être humain et, par exemple, la circulation du sang chez le chien soient accessibles de la *même manière* à l'observateur. On retrouve ici le naturalisme positiviste et le réductionnisme de Freud que nous évoquions plus haut. Ni le fantasme ni la pensée consciente ne se peuvent réduire à la seule neurophysiologie du cerveau, dont pourtant ils sont les produits. Le produit n'est jamais assimilable au processus, qui fait intervenir d'autres facteurs liés à sa nature propre et à la logique de champ qu'elle engendre.

Le psychanalyste que nous venons de citer et dont la déclaration illustre si parfaitement ce que je nomme la « mentalité fakiriste » ne tombe certes pas, lui, dans ce travers du positivisme ; il accueille avec une égale bienveillance, et la même indifférence profonde, la vérité et l'erreur qui ne sont plus que de simples fantasmes auxquels il est demandé seulement d'exciter l'imagination. Du reste, on ne saurait lui donner entièrement tort : d'une certaine manière, le travail du psychanalyste consiste, du moins en partie, à fantasmer en parallèle aux fantasmes de l'analysant.

Où se situe alors le problème ? Si l'on adopte le critère de

Freud selon lequel la vérité se définit par sa concordance avec la réalité, et si l'on estime que la seule épreuve de réalité dans l'analyse est son efficacité thérapeutique, il n'y a rien dans la citation que nous avons relevée contre quoi on puisse se porter en faux.

Pourtant cette citation et la logique qui la sous-tend inscrivent inexorablement la psychanalyse dans un cercle de fer qui la mutile en interdisant toute véritable théorisation. Fantasmer est certes excellent pour le psychanalyste. Mais pour ce qui est de la théorie elle-même du fantasme, elle est impossible à bâtir si on se limite à la seule dimension du fantasme. Théoriser et fantasmer sont des opérations mentales de nature différente. Si, pour l'imagination, les fantasmes ne ressortissent qu'à la seule subjectivité, toutes les théories du fantasme, elles, ne sont pas d'égale valeur ou d'égal intérêt devant le regard objectif. Les arguments qui vont les départager s'appuieront sur des critères objectifs qui n'appartiennent plus à la dimension toute subjective du fantasme. Mais sortir de cette dimension, c'est dépasser le cadre de la seule psychanalyse. Freud était dans le vrai en estimant que, pour théoriser en psychanalyse, il fallait nécessairement sortir du domaine de cette discipline et articuler celle-ci à des disciplines voisines, en l'occurrence pour lui essentiellement la biologie. On peut être un excellent analyste en ne quittant pas le huis clos de la « bulle close ». Mais on ne peut pas théoriser sur l'origine du fantasme, par exemple, ou sur sa nature propre, ou sur ses modalités de production, sans sortir de la bulle ; on peut tout juste, à l'intérieur de la bulle, paraphraser le discours du patient dans un autre registre verbal, ce qui est le cas d'un grand nombre d'articles écrits par des psychanalystes qui donnent à voir, et de manière souvent extrêmement intéressante, leur champ d'activité, sans la théoriser [2].

Le psychanalyste qui confessait « n'y comprendre goutte sur ce qui se jouait sur les divans depuis un certain nombre d'années » était fort probablement un excellent analyste ; peut-être même était-il bon thérapeute. Il exprimait qu'il était devenu

2. Certains voudront voir là une démonstration supplémentaire de la validité du théorème de Gödel. Peut-être...

semblable au navigateur de l'ancien temps qui, lorsque le soleil lui manquait, ne pouvait plus utiliser le sextant pour faire le point et établir sa position. Comment, quand les structures psychiques se transforment, travailler correctement à l'intérieur d'un système théorique qui vous assure qu'elles ne changent pas et qu'elles ne changeront jamais ?

Le problème n'est pas simple. En effet, au psychanalyste qui accepterait de faire le saut mental consistant à remettre en cause certains fondements théoriques (on n'en est pas là chez les psychanalystes dans leur presque unanimité), se poserait, par exemple, la question de la place à accorder aux facteurs sociaux dans une théorie où, précisément, il n'est pas de place pour eux ? Il ne suffit pas, en effet, de seulement admettre que les structures psychiques changent quand se transforment les conditions économiques, sociales, familiales, culturelles. Il convient encore de savoir sur quoi, à l'intérieur de l'appareil psychique tel qu'il a été modélisé par Freud, ces conditions agiraient. A l'heure actuelle, les deux postulats de la « biologie freudienne » et l'idéologie de la « nature humaine » qui en est le reflet ne permettent aucune articulation du fait social et du fait psychique.

Bien évidemment, ces conditions sociales ne peuvent agir sur rien quand ce qui relève de la biologie et de la neurophysiologie cérébrale est pris en porte à faux entre, d'un côté, une hérédité organique de fantaisie et, de l'autre, ou bien la mythologie d'une « guerre des Étoiles » (dans la troisième et dernière théorie des Instincts) ou bien, *a minima*, le néo-vitalisme d'une sexualité sans répondant biologique (pour les biologistes) et censée pourtant (dans les deux premières théories) être l'unique facteur de changement psychique.

Là est la faille majeure de la théorie freudienne : ses deux postulats biologiques interdisent absolument d'articuler la psychanalyse aussi bien avec la biologie et les neuro-sciences qu'avec la sociologie.

A propos de ce dernier domaine il est par exemple tout à fait significatif que le déclin relatif de l'image paternelle dans la société contemporaine ne soit absolument pas pris en compte par la psychanalyse. L'image du père dans la théorie freudienne ne peut que rester immuable et immobile, puisque toute la construction théorique, et en particulier celle du complexe d'Œdipe, s'organise autour de cette immobilité. La société peut se transformer — une égalité plus grande des sexes, des rôles éducatifs et familiaux davantage semblables, un affaiblissement général de l'autorité patriarcale et masculine — et l'imago centrale dans la cure peut être devenue dans un certain nombre de cas celle d'une mère archaïque, la question de la validité de la théorie freudienne du Père ne sera pourtant jamais posée *dans la théorie*. Il en est de même pour l'individuation narcissique dans la société et chez les patients sur le divan. Bien entendu, l'une des fonctions principales de la « mentalité fakiriste » est de rendre sans objet toute discussion à ce propos, d'anesthésier les esprits. Tout étant vrai, et le contraire de tout étant également vrai, à quoi bon se poser des questions qui obligeraient à des remises en cause difficiles. Restons à l'intérieur de la bulle protectrice.

La « mentalité fakiriste », à vertu défensive comme nous venons de le voir, n'est pas sans effets dans la réalité.

Face aux « nouveaux patients » des divans, le psychanalyste en est réduit à une pratique sans théorie. Il fait de son mieux de manière empirique, tout en jurant ses grands dieux que, ce faisant, il reste en accord avec les normes idéologiques en vigueur dans son milieu.

L'insatisfaction des psychanalystes, dont le motif véritable mais occulte tient dans l'inadéquation de la théorie à la pratique, s'exprime, comme c'est chaque fois le cas dans les situations bloquées, sur le mode régressif des tensions interpersonnelles ou sur le mode autojustificateur des querelles d'école. La psychanalyse a, on le sait, éclaté en groupes, en chapelles et parfois même en véritables équivalents de sectes ; les grandes associations elles-mêmes sont rudement secouées en permanence par des luttes de clans.

Ainsi, l'impuissance à théoriser contribue-t-elle au babélisme croissant. Les ouvriers du divan se sont mis à parler des langues différentes. Il existe, bien sûr, une langue freudienne, mais également une langue kleinienne, lacanienne, winnicottienne, bionienne, hartmannienne... Les langues post-freudiennes, dont les locuteurs ne se comprennent généralement plus entre eux, ne sont fort probablement que des manières différentes de paraphraser, de façon plus ou moins cohérente et systématique, le fantasme central (qui n'est pas le même) de leurs créateurs, ou un fragment de ce fantasme, ou bien un contre-investissement de ce fantasme. Aucune des langues babélo-psychanalytiques actuellement parlées, et quelle que soit par ailleurs sa vertu (utile) d'excitation fantasmatique et de mise en perspective de la vie inconsciente du patient ou bien sa fonction (négative) de barrage à la fantasmatisation, aucune de ces langues n'apporte, semble-t-il, le moindre début de théorisation véritable qui, reliant la vie fantasmatique ou le fonctionnement inconscient à ce qui ne serait pas eux, permettrait de sortir de la « bulle » et d'échapper à la « mentalité fakiriste ».

Il est, en ce sens, significatif que pour les psychanalystes actuels l'histoire de la découverte du fonctionnement psychique paraisse commencer avec Freud. Combien sont-ils qui connaissent les pratiques (si intéressantes) d'un Puységur, d'un Deleuze, d'un de Faria, d'un Liebault, d'un Bernheim ? De Marx, on a dit que son œuvre était née à la croisée de la philosophie allemande, de l'histoire des luttes politiques en France, et de l'économie anglaise ; on devrait semblablement ramener la naissance de la psychanalyse à deux sources principales : la physiologie de langue allemande et le développement en France depuis la fin du XVIIIe siècle du magnétisme puis de l'hypnotisme.

Ne pas replacer Freud au sein d'une histoire qui l'a précédé et qu'il connaissait parfaitement — il a traduit en allemand de 1887 à 1892 les deux tomes des conférences de Charcot et deux volumes de Bernheim — participe d'un état d'esprit qui n'a rien d'innocent. L'œuvre freudienne, perdant toute scientificité, prend alors l'aspect religieux d'une révélation, et Freud lui-même est donné à voir comme né tout entier de ses seules œuvres. Faire leur place aux praticiens d'un avant-Freud — qui naviguaient pourtant dans les mêmes eaux que les psychanalystes d'aujourd'hui, même si sans cartes ni instruments de bord —, ne serait-ce pas d'une certaine manière admettre que viendra forcément le temps d'un après-Freud ?

Un jour, certainement proche, la marche en avant reprendra, qui avait débuté à la fin des années 1770 avec Mesmer. Elle reprendra, c'est évident. Elle reprendra quand, à l'image de Freud mais sur d'autres bases que ses deux postulats biologiques, les psychanalystes, abandonnant les certitudes du dogmatisme et les facilités du fakirisme, chercheront à théoriser leur pratique en travaillant avec les disciplines voisines sur leurs interfaces.

II

Tentative de reconstruction

10

Ce qu'est la sexualité humaine

Le pansexualisme de Freud est d'une espèce particulière.

Tout d'abord (et il ne faut pas craindre de revenir constamment sur ce point), la sexualité est entendue par lui dans un sens tout différent du sens commun : elle est l'« élan vital » actif au cœur de chaque cellule [1], le principe vital qui y manifeste sa présence par la recherche avide du plaisir.

Cet « élan vital » peut éventuellement coïncider avec la sexualité des biologistes, mais ce n'est pas, loin de là, le cas le plus fréquent. On comprend mieux, alors, le grand reproche adressé à l'époque par Wilhelm Reich à Freud, celui de ne pas avoir davantage « génitalisé » la sexualité. Freud développe, en effet, une cosmogonie vitaliste à coloration sexuelle, là où Reich pour sa part laïcise en quelque sorte le tantrisme religieux, le réduit à la pratique sexuelle de la recherche de l'orgasme parfait censé ouvrir à la révélation de la vérité cachée du monde. Chez Reich ce n'est plus une religion mystique qui, tel le tantrisme, se donne à voir sous une apparence sexuelle, c'est la génitalité sexuelle qui devient une mystique.

Le pansexualisme de Freud, mis à part la courte période de la deuxième théorie des Instincts, est, par ailleurs, habité fondamentalement par la contradiction. Dans la première théorie des Instincts, la nécessité de pourvoir aux besoins vitaux s'oppose à l'Éros dyonisiaque et perturbateur ; dans la troisième théorie des Instincts, la situation est retournée, et l'Instinct de

1. *Au-delà du principe de plaisir*, p. 110, note 16.

mort destructeur et perturbateur combat l'Éros devenu facteur de stabilisation.

Le pessimisme jusque-là tempéré de Freud (« Je suis un pessimiste gai », disait-il de lui-même) devient après 1920 si prononcé que, désormais, c'est au cœur même de la vie, au cœur de l'élan vital qu'habite le vouloir-mourir. L'individu meurt non, par exemple, à cause de l'usure des mécanismes génétiques de renouvellement des cellules, mais parce que le « démon » du vouloir-mourir « vit », si l'on peut dire, dans la matière vivante elle-même. Le seul pouvoir qui reste à Éros est de choisir son chemin particulier vers la mort, d'élire une façon personnelle de mourir. Après 1920, le vitalisme de Freud est donc plus que sérieusement ébréché, il est véritablement miné de l'intérieur. Ce qui n'empêche pas, autre contradiction à laquelle Freud ne parvient pas à échapper, que la théorie des névroses continue d'être fondée tout autant qu'auparavant sur l'ancien pansexualisme. Avant ou après 1920, sexualité et névrose ont semblablement partie liée.

Avec la cosmologie des deux Instincts, ce serait insuffisant de dire que la Nature est anthropologisée chez Freud : il s'agit d'une véritable *psychologisation de la Nature*. Et, puisque nous venons de parler de Reich, à un certain niveau il ne paraît pas abusif de prétendre pour situer les choses en une formule, fût-elle provocante, que : « Libido, Orgone, même combat ».

La question qui, alors, se pose est de savoir pourquoi la « biologie freudienne » de la sexualité, constamment affirmée comme scientifique par Freud, ne s'est jamais vue ouvertement contestée par les psychanalystes.

Tout paraît s'être passé comme si chez eux une sorte de « clivage du Moi » s'était produit, à l'image du fétichiste sexuel dont une partie du Moi sait pertinemment que la femme n'a pas de pénis, alors qu'une seconde partie du Moi, déniant la perception de l'absence de pénis, crée le « fétiche » comme substitut de ce pénis manquant. De la même manière, une partie du Moi des psychanalystes saurait pertinemment que la « biologie freudienne » est erronée, alors que l'autre partie, qui refuse une telle évidence, va, par exemple, « fétichiser » les *Trois essais sur la théorie de la sexualité*. Les deux parties du même Moi vont ensuite coexister sans s'influencer, ce qui est l'exacte définition freudienne du clivage du Moi.

La première explication possible de ce clivage est que la mise en cause du pansexualisme de Freud n'a jamais porté chance à ceux des psychanalystes qui s'y sont essayés. Un destin malheureux les frappe tous. D'Adler à Fromm, tous ceux qui ont commencé par ne mettre en question que la sexualité « élargie » ou « généralisée » de Freud ont fini, et en général assez vite, par jeter aux orties les autres concepts fondateurs de la psychanalyse. Si Lacan a évacué le pansexualisme freudien, il a procédé en douceur et il s'est bien gardé de critiquer Freud sur ce point.

La seconde explication, sur laquelle nous ne nous attarderons pas, tient à la relation d'Autorité qui incontestablement relie les psychanalystes à Freud. Chaque association psychanalytique est une petite ou une grande famille dont, comme dans les sociétés primitives, l'ancêtre fondateur est Freud ; par bien des aspects, le cursus du candidat psychanalyste évoque l'initiation de type religieux de l'Antiquité orientale et gréco-romaine. On peut penser que la sacralisation de Freud est, dans ces associations, le « symptôme » dans lequel se cristallisent à la fois les très fortes tensions psychologiques entre les membres — dont la cause, outre le malaise dû à l'inadéquation de la théorie à la pratique, est souvent dans des conflits d'intérêt qui restent occultés — et une ambivalence foncière, et niée, envers le « père de la psychanalyse ». L'idéalisation de ce dernier est seule licite, les fantasmes parricides sont frappés d'interdit. Il est du reste assez probable que mettre en cause l'œuvre freudienne sans désocculter ni le malaise théorique, ni les conflits d'intérêt, ni les fantasmes parricides ferait voler en éclats le maigre ciment qui relie encore entre eux les psychanalystes dans chacune de leurs associations.

La troisième explication du « clivage du Moi » des psychanalystes à propos de la « biologie freudienne » de la sexualité est beaucoup moins négative.

Elle tient au fait que, dans la pratique quotidienne de la psychanalyse, le « fétiche sexuel » voit son existence confirmée de la manière la plus permanente. Je veux dire que la clinique de la cure paraît montrer à chaque instant que la « biologie freudienne » de la sexualité est tout à fait dans le vrai et que la biologie des biologistes est quant à elle complètement dans l'erreur. Singulier paradoxe, qui nécessite d'être éclairé et qui peut à juste titre troubler les têtes !

Comment comprendre, en effet, ce paradoxe dans lequel deux sortes d'objectivité différentes s'affrontent ?

La perception objective des psychanalystes au travail leur montre à tout instant que la sexualité est omniprésente dans le discours des patients, soit comme contenu manifeste, soit, plus souvent encore, comme contenu latent qui, pour être compris et interprété, impose de remonter à l'enfance. Il est évident, en effet, et les psychothérapies d'enfants le confirment, que la sexualité comme source d'interrogations et de fantasmes joue un rôle absolument fondamental dans le développement de la personnalité des enfants entre trois et sept ans. C'est-à-dire durant la phase dite phallique et au moment du conflit œdipien.

Mais, avant cet âge, est-ce la sexualité proprement dite qui occupe la scène ou bien ne se pourrait-il pas que ce fût simplement le plaisir d'organe, oro-buccal ?

En ce cas, ne devrait-on pas parler plutôt de zone « hédogène » que de zone « érogène », d'hédonisation plutôt que d'érotisation ?

Pour éviter d'avoir à s'interroger sur cette question, qui est pourtant au cœur du paradoxe signalé plus haut concernant l'existence de deux sortes d'objectivité différentes, les psychanalystes contemporains usent largement du concept freudien d'Après-Coup. Disons quelques mots de celui-ci.

La théorie de l'Après-Coup, non négligeable dans l'œuvre freudienne, concerne le fait que le souvenir d'un événement passé peut avoir été remanié ultérieurement, prenant alors une nouvelle signification. On peut, en effet, parfaitement concevoir qu'un souvenir concernant un plaisir d'organe très précoce se trouve avoir été remanié secondairement avec l'apparition de la sexualité et s'inscrive alors à l'intérieur d'une problématique nouvelle et sexuelle. Est-ce là pourtant ce que Freud entendait au juste par l'Après-Coup ?

On peut en douter, puisque, pour lui, la sexualité est originaire, originelle. L'Après-Coup pourra certes amalgamer la sexualité orale à une problématique de l'époque de la phase phallique ou de la puberté ; mais, pour Freud, ce n'est certainement pas l'Après-Coup qui donne sa nature proprement sexuelle à l'oralité au moment de la phase orale. On voit, dès lors, l'usage ambigu qui peut être fait du concept d'Après-Coup.

Quelle est sa véritable signification ? Celle de sexualiser psychiquement (c'est-à-dire de poser par rapport à la différence des sexes et à une identité sexuelle) un plaisir d'organe de nature non sexuelle ou bien celle d'inscrire dans une problématique sexuelle conflictuelle plus tardive (par exemple celle du conflit œdipien) un plaisir d'organe précoce et organiquement sexuel ? Indéniablement, c'est la seconde interprétation qui est celle de Freud. Mais il n'est pas rare que des psychanalystes amalgament les deux interprétations et brouillent ainsi les cartes pour échapper au dilemme « biologie freudienne » ou biologie tout court.

Une si permanente présence de la sexualité dans la cure peut, dans une perspective plus rationnelle, s'expliquer de trois manières, toutes les trois complémentaires entre elles. Pour Jung, par exemple, le sujet *réinterprète* son passé à la lumière du présent, et cette nouvelle lumière est évidemment sexuelle. La seconde explication est liée à la thèse de l'Après-Coup : la puissance de frappe du drame œdipien remanie certains souvenirs fantasmatiques anciens liés à des plaisirs d'organe (les *remanie organiquement* « sur place », dans les réseaux neuroniques cérébraux où ils ont été gravés), et elle les inscrit alors « après coup » dans la problématique de l'Œdipe. Troisième explication, enfin, qui se situe au plan hédonistique proprement dit : certains plaisirs d'organe se verraient secondairement *intégrés* sous le primat du plaisir sexuel génital, tels les plaisirs bucco-linguaux, cutanés...

Aucune de ces trois explications n'apporte d'arguments en faveur d'une sexualité originelle. Encore moins en faveur des « fantasmes originaires » phylogénétiques vers lesquels Freud s'est rabattu après s'être trouvé en butte aux critiques de Jung, lequel doutait fort de la capacité d'interprétation sexuelle d'un enfant de dix-huit mois observant les rapports sexuels de ses parents.

L'omniprésence psychique de la fonction sexuelle dans l'espèce humaine tiendrait alors non à une mythique essence vitaliste qui se manifesterait en elle, mais à un ensemble complexe de facteurs mêlés d'ordre physiologique et sociologique.

Au plan physiologique, elle est la fonction qui apparaît le plus tardivement, ne se réalisant qu'après la puberté. Avec elle, apparaît comme une seconde naissance au monde, attendue de longue date par l'enfant, avec des sentiments contradictoires d'envie et de crainte puisqu'il sait qu'elle va modifier radicalement son existence. L'influence de cette fonction est particulièrement spectaculaire : le corps se transforme, la voix mue, les caractères sexuels secondaires apparaissent aux yeux de tous. La vie sociale du sujet change. Une autre socialisation commence avec le mouvement sexuel et affectif qui le porte avec une grande force vers un autrui, généralement de l'autre sexe. Par ailleurs, la reviviscence du conflit œdipien (c'est-à-dire, pour nous, des problèmes de l'identité sexuée) se manifeste à la puberté avec une grande vigueur ; l'ensemble des anciennes problématiques fantasmatiques sont revécues, réinterprétées, et même remaniées.

L'intensité de ce choc physiologique et psychologique, tout autant que la valeur fondamentale accordée par la société aux transformations pubertaires, permet de comprendre la place exceptionnelle occupée par la sexualité dans la vie psychique.

En effet, la valeur accordée par la société à la notion de rôle sexuel est au moins de la même importance quant aux effets sur l'individu que l'effet des transformations physiologiques proprement dites de la puberté.

C'est à partir de la division sexuelle et à partir de la reproduction sexuelle que la société à la fois se perpétue biologiquement et, tout au moins en partie, s'organise. Tout d'abord en institutionnalisant la famille avec le mariage et en faisant de celle-ci la cellule de base de la société, celle qui élève et éduque les enfants, leur transmet le système de valeurs propres à une société, les conditionne très tôt aux futurs rôles sexuels, assure dans une large mesure la reproduction des classes sociales, et, finalement, avec l'héritage, leur délègue le patrimoine économique de la famille.

Au-delà de cette première forme sociale elle-même, nous verrons plus avant comment, dans les sociétés patriarcales, la division sexuelle a été utilisée systématiquement pour rendre impossible ou en tout cas très difficile chez le garçon le retour à un mode de fonctionnement psychique archaïque. En effet, les sociétés patriarcales attribuent les caractères de la première phase (archaïque) du développement de l'enfant à la femme et les caractères de la seconde phase à l'homme : la division sexuelle est ainsi utilisée culturellement pour pallier les effets socialement et psychologiquement négatifs de l'évolution diphasique de l'enfant.

Ainsi, débordant largement le cadre de l'identité sexuelle anatomique, se constitue une identité sexuelle psychique à partir de la double grille des identifications aux parents et des rôles sexuels sociaux. On sait quelle place une telle identité occupe dans l'économie générale de la personnalité. Dans les pays d'Amérique latine, par exemple, le « machisme » représente le socle sur lequel l'identité psychologique masculine est construite. A l'inverse, certaines évolutions vers une coiffure ou des vêtements « unisexe » dans les pays industriels soulèvent un problème intéressant. Des tendances opposées peuvent d'ailleurs se manifester à l'intérieur d'un même contexte. Dans un pays comme la Suède où l'égalité sociale des sexes a progressé, il semble que se développe, dans les deux sexes, une volonté de différenciation psychologique accrue, bâtie sur les anciens stéréotypes du « sexe fort » et du « sexe faible ». Comme si, en l'absence d'un verrouillage social nouveau de protection psychologique contre l'archaïsme en l'individu qui remplacerait celui fondé sur la division sociale traditionnelle des sexes, tout spontanément l'ancien verrouillage psychologique se recréait ; et plus fortement encore que par le passé, car devant pallier désormais l'affaiblissement de l'inégalité sociale [2].

Parce que, dans toutes les sociétés, l'identité sexuelle psychologique et sociale est installée au cœur de la personnalité, nourrissant le sentiment d'identité, toutes les satisfactions, quelles qu'elles soient, et toutes les frustrations, quelles qu'elles puissent être, seront appréhendées par l'individu comme coextensives à la sexualité, exprimables en termes de puissance ou d'impuissance sexuelle. En ce sens, il est bien peu de conduites humaines qui ne prennent pas une résonance sexuelle, largement automystifiante. Le pouvoir social sur les autres, la richesse financière, la force physique et de nombreux autres

2. Anne-Marie GAILLARD, *Couples suédois, vers un autre idéal sexuel*, Éd. universitaires.

attributs, se trouveront vécus par le sujet, en partie consciemment mais surtout inconsciemment, comme un « plus » de puissance sexuelle, confortant le sentiment d'identité personnel et réassurant psychologiquement l'individu.

A l'inverse, en l'être humain l'inaccompli en quelque domaine que ce soit, qu'il provienne des aspects quasi inévitables de la condition humaine ou d'une pseudo-fatalité sociale, cet inaccompli sera très souvent vécu comme pouvant trouver sa réponse avec la sexualité. L'œuvre de D.H. Lawrence [3], le système théorique de Wilhelm Reich sont de parfaites illustrations de l'idéologie sexualiste universellement répandue à des degrés divers. L'exemple en est fourni quotidiennement par la publicité dans laquelle tous les produits désirables, de la maison individuelle aux loisirs, des apéritifs à la voiture, de la cigarette au lave-vaisselle, se voient commercialement promus avec les mêmes stéréotypes sexuels.

Ainsi, d'une certaine manière, l'alphabet, le vocabulaire, la grammaire, le code du sexe se trouvent utilisés pour exprimer l'ensemble des réalités sociales et psychologiques.

On conçoit aisément alors pourquoi et comment, dans une telle culture pansexualiste, la théorie freudienne de la sexualité, même si elle est non compatible avec la biologie, peut avoir fait l'objet d'un large consensus parfaitement irrationnel. Ce qui peut être désiré ou aimé se voit en règle générale rapporté au sexe. Celui-ci devient alors, pour le public comme chez les

---

3. Cf. également, sur un autre plan, les critiques adressées à la psychanalyse par D.H. LAWRENCE dans *La Psychanalyse et l'inconscient* et surtout dans *Fantaisie de l'inconscient*. D.H. Lawrence voudrait, lui, ramener explicitement la sexualité au vitalisme, mais à un vitalisme bisexué : « [le coït] est un contact entre le sang mâle chargé d'électricité et le sang femelle polarisé lui aussi, contact amenant l'éclair d'un échange prodigieux qui modifie la constitution du sang et l'essence même de l'être chez les deux individus », « dans le coït, le sang de l'homme intensément chargé d'électricité vitale [...] atteint à une sorte de potentiel suprême, en une marée magnétique formidable vers le sang magnétique de la femelle. Tout le sang des deux individus est le siège d'une intense attraction magnétique polarisée ». La bisexualité mène ici à l'homosexualité collective : « Les hommes redevenus neufs après le coït veulent renouveler le monde. Une polarité nouvelle, passionnée, éclate entre les hommes tendus vers un même but, tandis que la polarité homme-femme recule dans l'ombre. » Lawrence nie que cette « communion virile » soit de nature sexuelle. Le sens de cette « grande foi collective qui rassemble les hommes [...] et qui les fait obéir passionnément à un chef » est, pour l'individu « qu'il abandonne son individualité à sa foi pour devenir la cellule d'un seul corps » (p. 132, 133, 134). On reconnaît là certains des thèmes qu'expriment à la même époque (1930) les idéologies totalitaristes.

psychanalystes, la réalité ultime, vraie force vitale qui s'oppose en particulier au vieillissement et à la mort.

On peut douter pourtant que tout amour s'enracine dans la sexualité : l'amour de soi, par exemple, n'est pas forcément sexuel, Narcisse n'est pas sexué pour lui-même. Et tout manque ne provient pas exclusivement d'une frustration sexuelle. Sans vouloir rappeler ici les aliénations d'origine sociale dues à l'exclusion ou à la misère et pour se limiter à la seule dimension psychologique, l'angoisse de solitude, par exemple, éprouvée aujourd'hui par un nombre croissant de contemporains, cette angoisse ne peut certainement pas être pensée en termes sexuels.

L'identité sexuelle dans ses différentes dimensions et dans les vicissitudes individuelles de son histoire personnelle est bien évidemment nourrie organiquement après la puberté par la fonction sexuelle biologique et par la continuelle renaissance du besoin physiologique. A ce titre, et de même que le plaisir sexuel devient le modèle de référence de tous les plaisirs, la satisfaction sexuelle devient le prototype de toutes les détentes. La « désublimation répressive » qu'évoquait Marcuse n'est certainement pas un vain mot. On peut aisément observer combien la régulation de nombre de tensions physiologiques s'opère en utilisant la sexualité. Combien, par exemple, d'homosexualités latentes chez l'homme et chez la femme se voient en partie désinvesties, au plan du fantasme inconscient, par l'épuisement systématique de la tension sexuelle, dans une véritable toxicomanie du commerce sexuel, hétérosexuel... Don Juan est, dans de nombreux cas, un homosexuel honteux.

Le sexe, porteur mystifiant de tout l'inaccompli (et il est vaste !) de l'être humain, puissance de laquelle il est ardemment attendu la disparition de tous les manques (et ils sont nombreux !), masque stéréotype sous lequel se cache l'infinie diversité des désirs humains, le sexe en Occident, et peut-être dans toute société, comporte également une dimension qui le rend en partie inassimilable, inintégrable. Personne n'est sans doute jamais complètement à l'aise avec la sexualité, avec sa sexualité. En dehors même du fait que la sexualité est, nous venons de le voir, une réalité psychiquement composite, largement automystifiante et pleine de contradictions, la cause en est bien probablement que l'identité sexuelle de chaque individu se constitue en plein drame œdipien, tôt dans l'enfance.

Une *bisexualité psychique*, due aux identifications aux deux parents, se trouve alors confrontée à *l'unisexe anatomique*. Le sujet conservera toute sa vie des traces de la « crise d'identité sexuée » qui se joue au moment du complexe d'Œdipe ; de telles traces, souvent en conflit entre elles, ne seront pas sans influences sur l'activité proprement dite de la fonction sexuelle.

Pour aucune des autres fonctions physiologiques en activité, le Moi inconscient et conscient n'a un rôle d'arbitre aussi difficile à tenir dans la partie qui se joue entre la tension du besoin physiologique et la pression des fantasmes inconscients. D'où la vulnérabilité particulière de la fonction sexuelle (impuissance, frigidité, perversions, inhibitions). Du rapport entre les éléments de la triade « besoin-fantasmes-Moi » et du contenu propre à chacun de ces éléments — force du besoin, degré d'élaboration des fantasmes, modalités de l'identification du Moi aux deux parents — vont dépendre, en définitive, la réussite, l'échec, les vicissitudes, les singularités personnelles, du passage à l'acte sexuel, le bonheur ou le malheur sexuel de l'individu.

La sexualité est en définitive le lieu géométrique où, chez l'être humain, se croisent et s'articulent le physiologique, le psycho-affectif (dans le rapport à l'autre), le social avec ses normes et ses rôles sexuels. La sexualité est une fonction témoin par excellence. Ce fut d'ailleurs une constante de la pensée de Freud que d'estimer que sans la connaissance de la vie sexuelle d'un individu, on ne pouvait comprendre vraiment sa personnalité.

Pour toutes ces raisons, le discours de l'analysant se trouve, sur le divan, spontanément déporté du côté de la sexualité. Ce discours, pertinent pour le psychanalyste au travail, ne peut pourtant pas, contrairement à ce que prétend la psychanalyse, suffire à lui seul à bâtir une anthropologie, ni même une psychologie. Lesquelles ne représenteraient alors qu'une variante particulière de l'idéologie sexualiste.

11

La pulsion sexuelle chez Freud

Au centre de la théorie psychanalytique, ni l'Inconscient ni le Moi. La pulsion.

Que sont les pulsions ?

Elles ne sont ni faciles à définir, ni aisées à percevoir. « Nous ne pouvons dans notre travail faire abstraction d'elles un seul instant, écrit Freud à leur propos, et cependant nous ne sommes jamais certains de les voir nettement [1]. »

Définies le plus simplement qu'il soit possible, elles sont, dans la théorie freudienne, la manière dont le biologique se branche sur le psychique. Donc avant tout une force, la force qui alimente en énergie le psychisme mais qui, en même temps, en permanence le menace. Et cette menace est non pas suspendue au-dessus du psychisme et extérieure à lui, mais devenue intérieure, elle est le vrai cheval de Troie gros de tous les dangers et qui s'est introduit au cœur même de la psyché humaine.

La pulsion, alimentée par l'énergie biologique du corps — énergie qui est double pour Freud : non sexuelle et sexuelle —, menace de deux manières différentes la psyché. Car la pulsion n'est pas une force brute : elle est tout autant psychique que biologique, elle ne peut être comprise que comme le branchement, ou mieux comme la continuation du biologique à l'intérieur de l'appareil psychique [2]. Elle menace de deux

1. *Nouvelles conférences*, p. 129.

2. Au fur et à mesure des évolutions théoriques de Freud, la biologisation de la pulsion devient plus nette, et, dans la deuxième topique par exemple, la pénétration de l'élément physiologique à l'intérieur de la dimension psychologique devient évidente.

manières la psyché. Qualitativement, pourrait-on dire, par le fait qu'elle est constituée de « représentations » non intégrables par le Moi, et donc refoulées dans l'Inconscient, constituant comme le « noyau dur » de cet Inconscient difficilement contenu par le refoulement et les défenses et cherchant continuellement à les déborder. Et quantitativement parce que l'énergie pulsionnelle, empruntant la forme psychique de l'affect qui, lui, n'est pas refoulé, risque de faire « disjoncter » le Moi lorsque se produit une trop forte intensité des affects de plaisir et de déplaisir.

On comprend mieux le rôle que Freud fait jouer à la pulsion lorsqu'on réalise qu'elle représente, pour l'être humain, l'exact équivalent de ce qu'est l'Instinct chez l'animal. Ici intervient à son tour le second postulat biologique de Freud, celui concernant la phylogenèse. En effet, aussi bien les représentations refoulées que l'affect, c'est-à-dire les deux formes sous lesquelles la pulsion se manifeste dans le psychisme, ces deux formes font très largement partie pour Freud du patrimoine héréditaire de l'espèce humaine [3]. Les représentations pulsionnelles les plus fondamentales, celles qui vont constituer le Ça dans la dernière théorie des Instincts, ne sont, en effet, rien d'autre que les fameux « fantasmes originaires ».

La pulsion serait ainsi ce qui s'est substitué chez l'homme à l'Instinct animal ; les mécanismes d'inscription (les caractères acquis devenus héréditaires) et de transmission (la phylogenèse) seraient exactement semblables dans les deux cas. Là où, chez l'animal, se sont gravés les conduites et les comportements constituant l'Instinct inné de chaque espèce, se sont déposés chez l'homme des pulsions, des représentations et des affects pulsionnels, représentant, par rapport à l'animal, un élargissement héréditaire de la sphère psychique. On a d'ailleurs en lisant Freud, et surtout le dernier Freud, bien davantage l'impression d'une différence d'ordre quantitatif que qualitatif entre l'homme et l'animal [4].

---

3. *Abrégé*, p. 4.
4. « Ce schéma général d'un appareil psychique est valable aussi pour les animaux supérieurs qui ont avec l'homme une ressemblance psychique. Il convient d'admettre l'existence d'un Sur-moi partout où, comme chez l'homme, l'être a dû subir, dans son enfance, une assez longue dépendance. La distinction du Moi d'avec le Ça est un fait indéniable. La psychologie animale ne s'est point encore appliquée à l'intéressante étude qui lui reste ici offerte » (*Abrégé*, p. 6). Cf. également Std. Ed., 23, p. 100.

La question se pose de savoir s'il existe vraiment pour Freud plusieurs types de pulsions, au sens précis qu'il donne à ce terme. Il existe pour lui de telles différences entre la pulsion sexuelle et les autres pulsions qu'on serait presque autorisé à ne nommer pulsion que la première. Celle-ci, en effet, est la seule à n'avoir pas de buts innés, ce qui la distingue de l'Instinct animal et qui rend possible l'existence des perversions sexuelles ; elle se développe en deux phases séparées par une période de latence ; elle est douée d'une plasticité exceptionnelle ; et elle est la seule pulsion à connaître un véritable destin psychique à partir de la source biologique qui lui est particulière : un chimisme sexuel qui intéresse le corps tout entier.

Un tel élargissement du domaine psychique chez l'homme en raison du destin particulier de sa pulsion sexuelle est à l'origine d'une vulnérabilité particulière. Très tôt pour Freud, et au moins à partir de 1894 [5], les névroses sont conçues comme en rapport avec un dysfonctionnement de la pulsion sexuelle. C'est avec ce lien établi entre sexualité et névrose, un lien qui ne changera plus malgré les transformations radicales introduites par la dernière théorie des Instincts de vie et de mort, que se noue l'accrochage dont Freud ne pourra plus se défaire entre la névrose et la conception « élargie » de la sexualité.

L'observation des névrosés lui a, en effet, montré deux ordres de faits. Le premier, c'est la place exceptionnelle occupée par la sexualité dans la vie psychique. Le second, c'est que l'origine de la névrose est à rechercher dans le passé des individus : dans leur enfance, tout d'abord ; puis l'enfance individuelle se verra elle-même prédéterminée par des événements survenus dans l'enfance de l'humanité et inscrits dans le patrimoine de l'espèce en tant que « fantasmes originaires ».

Dans l'esprit de Freud, un amalgame ou un court-circuit vont se produire alors entre enfance et sexualité. Puisqu'il ne peut s'agir, chez le nourrisson ou le très jeune enfant, de sexualité génitale ; puisque les organes en jeu ne sont pas les organes génitaux mais la bouche, la peau, le tube digestif, l'anus et, finalement, le corps tout entier dans chacune de ses cellules individuelles, Freud va postuler l'existence d'une sexualité qui porterait sur la bouche, la peau, le tube digestif, l'anus, le corps

5. *La Naissance de la psychanalyse*, manuscrit B (8.2.93) : « Étiologie des névroses », p. 61 *sq*.

tout entier, chaque cellule. Une sexualité qui serait fondamentalement de même nature que la sexualité génitale, en rapport avec le même chimisme sexuel.

Le tour de force, le coup de force, le raisonnement circulaire sont repérables dans une phrase comme : « Puisque les névrosés sont restés à l'état infantile de leur sexualité [...], notre intérêt se portera vers la vie sexuelle de l'enfant [6]. » Encore faudrait-il que le nourrisson ait une vie sexuelle prouvée, ce qu'une telle phrase paraît considérer comme allant de soi.

Il n'échappe évidemment pas à Freud que considérer comme étant de nature sexuelle la recherche du plaisir par le nourrisson ou le jeune enfant repose, pour l'essentiel, sur une pétition de principe : « Cette constatation soulève la question délicate et inéluctable de savoir quelle est la caractéristique générale à laquelle nous prétendons reconnaître les manifestations sexuelles de l'enfant [7]. »

Cette caractéristique générale, il l'affirmera, dès la parution de *Trois essais*, et il ne variera pas sur ce point dans les différentes éditions du livre, elle est de nature chimique.

Ainsi est bouclé le cercle de fer dans lequel Freud s'enferme et dont il restera à jamais prisonnier. Pas d'explication de la névrose sans la présence d'une sexualité originelle. Pas de légitimation de cette sexualité « élargie » sans une chimie pancorporelle de la sexualité. Mais cette sexualité chimique tarde à être découverte, et en 1917 [8] il écrit sur un ton désabusé : « Vous ne devez pas oublier que pour l'heure nous ne sommes en possession d'aucun critère reconnu de la nature sexuelle d'un processus, à part une fois de plus celui de la reproduction que nous devons rejeter pour son étroitesse d'esprit. [...] les caractéristiques chimiques du processus sexuel, que nous pouvons soupçonner, attendent encore d'être découvertes. »

Quand, à partir de la fin des années vingt, la biochimie s'inscrira en faux, preuves à l'appui, contre une telle conception, Freud refusera d'admettre comme fondées les raisons de la biologie, ce qui lui aurait imposé une révision radicale de ses positions quant à la nature « sexuelle » de la pulsion. Il préfère

6. *Trois essais*, p. 89.
7. *Ibid.*, p. 104.
8. *Introduction à la psychanalyse*, Std. Ed., 16, p. 320.

alors se lancer dans le *pronunciamiento* cosmologique que l'on connaît, espérant que l'avenir lui donnera raison.

Les conceptions de Freud concernant la pulsion suscitent trois sortes de réflexions.

La première est que la psychanalyse est d'abord une théorie de la pulsion sexuelle. C'est celle-ci qui « pulse » la vie psychique, qui lui imprime sa poussée, qui, s'introduisant en elle, agit ensuite de l'intérieur sur elle. C'est de la pulsion sexuelle que procèdent, en définitive, les « fantasmes originaires » responsables du fait que la destinée humaine échappe à l'Instinct animal. C'est contre elle, enfin, que vont travailler le refoulement et les défenses du Moi. Un Moi qui a charge, à tout âge, d'arbitrer entre les exigences de la sexualité « élargie » et les possibilités de satisfaction et de plaisir qu'offre la réalité extérieure.

La pulsion sexuelle chez Freud, c'est vraiment le flux — un flux spécialisé, « sexuel » — de la vie organique que l'appareil psychique clive, diffracte, divise, émiette, leurre, détourne, pour éviter l'angoisse et pour l'accorder autant que faire se peut à la réalité extérieure, et en particulier à la réalité sociale.

La deuxième réflexion est que, dans la théorie psychanalytique, bâtie à partir du concept de pulsion sexuelle et qui s'élève sur la base de ce concept, les deux postulats biologiques de Freud trouvent, nous venons de le voir à l'instant, leur lieu d'application nécessaire au niveau de la pulsion.

Soyons clair. Il paraît impossible de conserver les aspects essentiels de la théorie psychanalytique en éliminant le concept de pulsion. La question est de savoir si, après avoir éliminé les deux postulats de la « biologie freudienne », les aspects essentiels de la théorie pourraient être conservés. Est-il possible ou non de concevoir une théorie préservant l'essentiel de la psychanalyse et qui partirait de l'hypothèse que Freud ne se serait pas trompé sur *la* pulsion, mais se serait trompé *de* pulsion ?

Il nous semble alors que toute révision de la théorie psychanalytique devrait nécessairement partir d'une réflexion sur l'origine organique de la pulsion.

Car — troisième réflexion — la signification de la pulsion pour Freud est qu'elle est le lieu et la manière par lesquels la vie psychique s'articule à la vie biologique et s'articule à l'histoire, même si celle-ci pour Freud est une histoire figée définitivement et qui, ayant déjà eu lieu, ne peut que se répéter (ce qui, soit dit au passage, est la définition même du mythe).

Pour Freud, la vie psychique du patient et de l'analyste ne fonctionne pas à huis clos. Elle ne procède pas de la « bulle close » refermée sur elle-même et qui, représentant l'horizon dématérialisé des psychanalystes contemporains, apparaît responsable de ce qui a été nommé plus haut une « mentalité fakiriste ».

Le vrai problème posé à la psychanalyse, sans rejeter le concept de pulsion, est celui de nouer de nouveaux liens avec la biologie et avec l'histoire, à la place de ceux postulés à tort par la « biologie freudienne ». Le problème, c'est de garder la théorie en y retranchant certes les deux postulats de l'hérédité des caractères psychiques acquis et de la sexualité « élargie », mais également en y débusquant et en y éliminant les prolongements et les ramifications de ces postulats.

12

Où une pulsion de plaisir se substitue à la pulsion sexuelle

« Le plaisir est l'essence de l'homme. »
LA METTRIE.

Gardons ce qui occupe le centre actif de la théorie développée par Freud : la pulsion. Cherchons pour la pulsion un autre fondement physiologique, corporel, pancorporel, que cette sexualité « élargie » qui a trompé les espérances biochimiques du fondateur de la psychanalyse.

Il est possible, pensons-nous, et souhaitable, de relier la pulsion aux deux réalités psychiques, exceptionnellement développées dans notre espèce, que sont le plaisir d'organe et le fantasme.

Par ailleurs, là où Freud voit une « sexualité infantile » culminer, entre trois et six ans, autrement dit dans le complexe d'Œdipe, il nous paraît qu'on assiste, avec ce complexe, non pas à une première poussée *organique* génitale, mais à l'acmé d'une crise purement *psychique* d'identité sexuelle. Le problème de la différence des sexes se pose à tout enfant de cet âge, avec une interrogation plus ou moins aiguë quant à sa propre identité sexuelle selon la nature de ses identifications aux parents.

Chez l'adulte, aussi bien les perversions que les symptômes névrotiques trouvent, comme Freud l'a indiqué, leurs racines dans l'enfance. Mais ces racines ne seraient pas à rechercher dans les distorsions d'une sexualité organique. On ne peut aujourd'hui parler de sexualité physiologique que là où un chimisme spécifique a été repéré par les biochimistes et les endocrinologues.

Dans une telle perspective, les perversions et les symptômes névrotiques naîtraient effectivement durant l'enfance, mais sous la triple étoile, la triple domination, du plaisir d'organe, du fantasme et de la problématique complexe qui unit l'identité (psychique) sexuée de l'enfant aux identifications parentales. La place exceptionnellement étendue occupée par la sexualité dans la vie psychique de l'adulte ne serait pas due à un conflit *organique*, à un conflit pulsionnel entre différentes pulsions, mais à l'addition de facteurs socio-culturels, variables selon les sociétés, et de contradictions proprement *psychiques*.

Commençons par examiner le premier de ces facteurs psychiques, celui qui concerne le plaisir.

Il est possible de résumer notre divergence avec Freud quant à la place occupée par le plaisir et la sexualité en procédant à l'*interversion* des rôles respectifs joués par chacun d'eux.

Une interversion, car ce serait le plaisir qui serait *fondateur*, qui serait premier en date et en importance, et non la sexualité. L'excitation, la tension, l'attente, le désir, le plaisir ne témoigneraient pas nécessairement, comme le pensait Freud, de la mise en jeu de la sexualité. Le plaisir sexuel ne serait qu'un cas particulier (même si particulièrement important pour les raisons indiquées) d'un phénomène-plaisir beaucoup plus général et organiquement fondé, ainsi que paraissent commencer à le montrer aujourd'hui les neuro-sciences. Le plaisir spécifiquement sexuel serait l'adjonction de ce phénomène-plaisir à la satisfaction du besoin sexuel physiologique ou à l'excitation que ce besoin suscite. Le plaisir génital qui existe de manière indéniable chez le nourrisson ou chez le jeune enfant ne serait pas de nature sexuelle, mais se définirait, avant la puberté, comme un plaisir d'organe, non sexuel. L'érection du nourrisson, par exemple, n'aurait ainsi rien à voir avec la sexualité proprement dite. En somme, à la phrase de Freud, indéfendable biologiquement, qui dit : « Puisque le besoin de suçoter chez le nourrisson tend à engendrer du plaisir, il peut et il doit être dit sexuel [1] », nous opposons la formulation suivante : Tout plaisir, et même s'il porte sur les organes génitaux, qui est recherché et trouvé avant l'apparition de la sexualité endocrinienne à la puberté, est sous la dépendance d'un phénomène-plaisir d'origine biologique. Si la sexualité post-pubertaire est source de plaisir, c'est qu'elle s'est liée à son tour à ce phénomène-plaisir.

Il s'agit donc bien dans notre propos, on le voit, d'une interversion des rôles respectifs de la sexualité et du plaisir.

La proposition précédente marque apparemment une rupture complète avec certaines des thèses de Freud. Pourtant on peut se demander si le caractère spectaculaire, voire (pour certains psychanalystes) scandaleux de cette rupture ne risquerait pas de masquer ce qui se trouve ainsi et alors conservé d'essentiel dans la perspective freudienne.

Car, pour Freud, qu'est-ce qui est fondamental ?

C'est d'abord de relier les névroses de l'adulte à l'enfance ; elles continuent de l'être avec nos propositions. Freud déclare lui-même que les névroses, bien que prédéterminées dans la petite enfance, n'éclosent vraiment qu'à la puberté ou après ; nos thèses en fourniraient l'explication : un programme psychique sexuel monté durant l'enfance se voit investi brutalement, y compris dans ses contradictions éventuelles, à l'occasion de la poussée endocrinienne sexuelle de la puberté.

Le second point fondamental pour Freud est de relier les étapes du développement psychique de l'enfant à un facteur organique (la sexualité, selon lui), qui se développerait en s'étayant sur les grandes fonctions corporelles. On va voir qu'il est possible de faire jouer le même rôle à un autre facteur organique, le plaisir. Une pulsion de plaisir peut sans difficultés théoriques majeures venir occuper la place organique laissée libre par la pulsion sexuelle.

Il n'y aurait ni provocation ni paradoxe à considérer que nos propositions sont, au fond, plus proches de l'esprit freudien authentique que ne l'est la présente désincarnation ou

1. *Abrégé*, p. 14. Cf. également les développements de la 20e Conférence, en particulier p. 314-315 (Std. Ed., vol. 16).

dématérialisation de la vie psychique chez la plupart des psychanalystes contemporains. En effet, ceux-ci font certes respectueusement allégeance à la pulsion sexuelle infantile ; mais comme cette pulsion, censée pour Freud se situer *à la jonction du biologique et du psychique*, ne garde plus pour eux aucun lien concret ou théorique avec la biologie, tout se passe en réalité comme si leur allégeance était de pure forme ; la psyché est devenue une « bulle close » qui flotte dans le vide de l'abstraction, et la poussée pulsionnelle organique, transformée en Idée pure et devenue un simple concept, ne mord pas plus sur la réalité que, comme le disait Hegel, ne mord le concept de chien.

Il est, par ailleurs à noter que tout au long de son œuvre, Freud a cherché à développer une théorie du plaisir, dans laquelle un rôle presque aussi important était dévolu à celui-ci qu'à la sexualité. « Tout ce qui concerne le problème du plaisir et du déplaisir concerne l'un des points les plus sensibles de la psychologie actuelle[2]. » Jusqu'à la troisième théorie des Instincts (1920), il admet que « le principe de plaisir règle automatiquement l'écoulement des processus psychiques[3] ». C'est seulement à partir de cette date que, pour des raisons cliniques devenues évidentes, Freud doit admettre qu'il « existe dans le psychisme une forte tendance au principe de plaisir, mais certaines autres forces ou conditions s'y opposent [...][4] ». Ces forces antagonistes sont celles qui se manifestent sous la forme de la compulsion de répétition du déplaisir, compulsion qui serait commandée par l'Instinct de mort.

C'est à propos du « plaisir d'organe » que le rapport avec la sexualité « élargie », telle que la conçoit Freud, devient si proche que les deux termes apparaissent en maints passages comme presque interchangeables : « La vie sexuelle comprend

---

2. *Trois essais*, p. 147. Également p. 107 : « Il paraît moins certain que le caractère de la sensation de plaisir provoquée par la stimulation puisse être défini comme "spécifique", quand c'est précisément dans cette spécificité que résiderait le facteur sexuel. En matière de plaisir et de déplaisir, la psychanalyse tâtonne encore tellement dans l'obscurité que l'hypothèse la plus prudente sera aussi la plus recommandable. »
3. *Au-delà du principe de plaisir*, p. 43.
4. *Ibid.*, p. 46.

la fonction qui permet d'obtenir du plaisir à partir de diverses zones du corps [5]. » Au point que, à plusieurs reprises, il est amené à s'opposer à ceux qui pensent que la sexualité infantile pourrait être réduite à de simples manifestations de « plaisir d'organe » ne mettant pas en jeu une sexualité organique : « Quiconque choisit de méconnaître l'histoire de leur développement et leur contexte analytique niera qu'elles [les manifestations de la sexualité infantile] sont d'un caractère sexuel et leur attribuera à la place un caractère indifférencié [6]. » Et il ajoute que l'argument « décisif » est apporté par l'existence des perversions sexuelles. Dans les mêmes années que les *Conférences*, il rappellera néanmoins que le but des pulsions partielles — c'est-à-dire de la pulsion sexuelle dans ses formes infantiles — est « l'obtention du plaisir d'organe [7] ».

La question vraiment importante est celle qui consiste à se demander pourquoi Freud, dans sa théorie, n'a pas donné au plaisir la place de la sexualité. Il y a là, avec la sexualité et le plaisir, deux courants parallèles dans son œuvre, et presque, pourrait-on dire, comme deux fers au chaud. Il faut en effet souligner que le grand virage conceptuel de 1920 se fait dans un essai dont le titre est « Au-delà du principe de *plaisir* » et que la raison de ce virage concerne le couple plaisir-déplaisir et ne concerne la sexualité que par ricochet. A partir de cette date, l'importance conceptuelle du plaisir devient encore plus grande qu'auparavant, puisque le plaisir est à la fois du côté d'Éros (le plaisir sexuel) et de Thanatos (le principe de Nirvâna).

La raison mise en avant et pour laquelle Freud entend privilégier, dans la théorie, la sexualité sur le plaisir est, nous l'avons vu, le fait que chez les névrosés (adultes) n'importe quelle partie du corps peut symboliser les organes sexuels et que chez les pervers (adultes) n'importe quelle partie du corps peut également servir d'équivalent aux organes sexuels. Dans l'espèce humaine la fonction sexuelle ne porte en elle ni l'objet (la personne) ni les modalités de l'acte (le but sexuel) qui permettront la satisfaction.

Indéniablement, la distinction, opérée pour la première fois

---

5. *Abrégé*, p. 13.
6. *Introduction à la psychanalyse*, 21e Conférence, Std. Ed., 16, p. 320.
7. « Pulsions et destin des pulsions », in *Métapsychologie*, p. 24.

par Freud, entre objet (personne) et but (modalités de l'acte) dans la sexualité apparaît des plus fondamentales.

Mais, en bonne logique, ni les vicissitudes de l'objet sexuel ni celles du but sexuel chez l'adulte ne constituent un argument « décisif » en faveur d'une sexualité infantile organique. On peut rendre compte de la symbolisation sexuelle erratique des névrosés ou des perversions sexuelles adultes en utilisant dans chaque cas deux paramètres complémentaires : celui de l'identification aux parents (pour ce qui concerne l'objet sexuel) et celui du plaisir d'organe (pour ce qui a trait au but sexuel). Et ce, sans aucunement faire intervenir une sexualité organique.

Étrangement, on en vient à penser que si, à partir de la clinique des adultes, Freud a ainsi extrapolé à l'enfance une sexualité organique, c'est qu'il ne parvenait pas à penser la vie psychique comme étant *à la fois* de nature physiologique et possédant pourtant une part d'autonomie non immédiatement réductible à la physiologie. D'un réductionnisme physiologique étroit, il est passé sans vraiment s'en rendre compte à l'extrême opposé, à savoir l'idéalisme mystique des Instincts de vie et de mort. En somme, il aurait été victime d'un : Qui veut faire la bête, finit par faire l'ange [8].

Bref, il faut sortir enfin du dilemme impossible qui imposerait de choisir entre sexualité infantile organique et absence de sexualité infantile. Car dans le premier cas, on est contredit par l'absence du chimisme sexuel postulé par Freud [9], et, dans le second, on est contredit par l'existence d'une problématique sexuelle psychique présente indéniablement chez tous les enfants. L'existence d'un plaisir d'organe génital au même âge complique

8. Il ne faudrait certes pas omettre l'importance « idéologique » chez Freud de la distinction soma-germen, formulée en 1893 en Allemagne par Weisman. Tout se passe pour Freud comme s'il existait deux sources d'énergie organique : la somatique (qui nourrirait les pulsions d'autoconservation) et la sexuelle. « En distinguant l'énergie libidinale et les autres formes d'énergie psychique, nous traduisons la présupposition selon laquelle les processus sexuels de l'organisme se différencient des processus nutritifs par un chimisme particulier. L'analyse des perversions et des psychonévroses nous fait voir que cette excitation sexuelle ne vient pas seulement des parties dites génitales, mais de tous les organes du corps » (*Trois essais*, p. 158). Sur la distinction soma-germen chez Freud, cf. Std. Ed. *14*, 78, 25 ; *16*, 413-414 ; *18*, 45-49.

9. Rappelons, pour couper court à tout malentendu, sa formule de 1920 dans les *Trois essais* : « Qu'il nous suffise de retenir, comme ce qui nous paraît essentiel dans cette conception des processus sexuels [chez l'enfant], l'hypothèse de substances particulières dérivant du métabolisme sexuel. »

encore grandement les choses en risquant (si l'on ne disposait pas comme aujourd'hui des dosages hormonaux) de faire apparaître comme organique ce qui n'est que psychique.

Oui, la sexualité infantile existe à partir de l'âge de trois ans, c'est-à-dire pour la phase phallique et œdipienne.

Il s'agit là, pourtant, d'un intérêt sexuel d'origine psychique, c'est-à-dire éveillé non à la suite d'une quelconque poussée hormonale, mais par des fantasmes, des interrogations, des problèmes d'identité (ce que Freud nomme dans les *Trois essais*, les « recherches sexuelles infantiles »), qui concernent la *différence des sexes*. Ce qui, entre autres, signifie que, avant la claire conscience de la division des sexes, on ne peut parler, même dans le seul registre psychique, de sexualité infantile. L'intérêt sexuel ainsi éveillé provoque des modifications de comportement chez l'enfant et une extension de ses interrogations et investigations à autrui (les autres enfants, les parents). L'enfant de cinq ans est à propos du sexe littéralement « en morceaux » : dans son Inconscient, il est bisexuellement défini ; consciemment, il est sexuellement éveillé et il commence à être unisexuellement défini, en proie à des fantasmes et à des interrogations sexuelles, alerté par les réalités sexuelles ambiantes ; génitalement, il est hédonisé grâce au plaisir d'organe ; endocrinologiquement, il est sans sexualité ; anatomiquement, enfin, il appartient à un seul des deux sexes. On conçoit donc la difficulté d'une approche théorique si on ne distingue pas soigneusement les divers registres.

Un processus psychique sert de trait d'union entre ces divers registres. C'est le fantasme. Bien avant le passage à l'acte sexuel de la puberté, il travaille à homogénéiser, à unitariser les diverses composantes de la sexualité chez l'enfant. On conçoit alors le rôle joué par l'éventuelle pratique sexuelle de l'adulte avec l'enfant qui arrête cette maturation psycho-affective.

Ce qui chez l'adulte représente l'objet sexuel (la personne) et constituera le but sexuel (l'acte) tous deux concernés par le franchissement des diverses étapes parcourues grâce au fantasme et menant à l'intégration réussie des plaisirs d'organe et des identifications. Sans être absolue, une certaine prévalence des premiers ou des secondes peut exister. Dans certains cas, le but (la fixation à un plaisir d'organe) prédéterminera le choix d'objet, mais le plus souvent c'est le choix d'objet qui entraînera avec lui le but sexuel.

Nous allons donc devoir nous interroger sur la réalité et sur l'origine de ce processus psychique si particulier qu'est le fantasme. Auparavant, il paraît nécessaire de montrer que la notion d'une *pulsion de plaisir* — dont nous allons voir qu'elle se situerait à l'articulation du somatique et du psychique —, loin d'être incompatible, comme c'était le cas pour la pulsion sexuelle, avec ce que nous enseigne la biologie, se voit au contraire confortée par les récents développements de cette discipline. Nous faisons ici allusion à la découverte des « morphines du cerveau » en 1975. La pulsion de plaisir liée à un phénomène-plaisir organique peut-elle être identifiée à l'action de ces « morphines » ?

Rappelons, tout d'abord, la découverte en 1973 du fait que l'action euphorisante si puissante de la morphine extraite du pavot et de l'opium était due à l'existence de « récepteurs de la morphine » dans le cerveau.

En 1975, un premier groupe de morphines du cerveau fut découvert : les enképhalines. L'année suivante un second groupe fut mis en évidence : les endorphines. Les récepteurs cérébraux de la morphine précédemment découverts servaient en réalité à recevoir ces substances, et non la morphine d'origine végétale qui n'agit chez l'homme qu'en usurpant la place des morphines endogènes.

Les enképhalines (et les dymorphines) sont assez largement distribuées dans le cerveau, et en particulier dans le système limbique qui contrôle le comportement émotionnel. Elles sont également présentes dans le cerveau postérieur et la moelle épinière, ce qui permet de comprendre qu'elles se trouvent impliquées dans le traitement de l'information douloureuse.

Les endorphines, quant à elles, sont libérées par l'hypophyse au moment des stress. Elles dynamiseraient l'activité nerveuse cérébrale, favorisant ainsi les réactions rapides de fuite ou de lutte. Mais ces substances ont été également localisées dans la substance grise périaqueducale dont on a vu qu'elle était impliquée dans le contrôle des émotions. La stimulation électrique, chez l'animal, des circuits cérébraux où ont été repérées les endomorphines provoque une analgésie importante.

Par ailleurs, les premières études faites dans cette direction montrent que les morphines du cerveau, outre leurs effets euphorisants, anti-douleur, ou de contrôle des émotions, jouent un rôle dans l'apprentissage et la mémoire. C'est une meilleure compréhension des deux phénomènes encore mal connus du plaisir et de la mémoire que l'on peut attendre des progrès des neuro-sciences dans les prochaines années ou décennies. Or, le plaisir et la mémoire jouent tous les deux un rôle exceptionnellement important dans les processus qu'étudie la psychanalyse.

Il serait prématuré de vouloir dès à présent essayer d'articuler l'hypothèse présentée ici d'une pulsion de plaisir, à la limite du somatique et du psychique, et la réalité de ces morphines du cerveau.

Est-il impensable pourtant d'imaginer qu'à chaque fois qu'un besoin de l'organisme s'affirme, représentant comme un mini-stress, une libération se produit de certaines de ces morphines cérébrales dans la période intermédiaire entre la naissance du besoin et sa satisfaction spécifique. Ces morphines endogènes contribueraient ainsi à renforcer la capacité de temporisation du sujet.

Encore bien davantage intéressantes sont les hypothèses s'appuyant sur la distinction (freudienne) entre satisfaction et plaisir, et sur l'existence ainsi d'un « double circuit ». La libération des endomorphines est, on le sait, maximale lors de la satisfaction du besoin : cette libération est à l'origine du plaisir qui est fondamentalement quelque chose d'autre que la simple extinction du besoin. On peut imaginer (nous examinerons ce point plus avant) que se développent, par des conditionnements de type pavlovien, des stratégies de recherche du plaisir pour lui-même ; ce sont de telles stratégies de recherche que Freud, dès 1900, a décrites chez le nourrisson dans le célèbre septième chapitre de *L'Interprétation des rêves*, et qu'il nomme *désir*. On peut concevoir que cette *chasse à un plaisir* (un plaisir déjà connu à l'occasion de la satisfaction) reçoit dans son cours des « confirmations » au moins épisodiques (libération d'endomorphines) qui maintiennent le conditionnement. Indépendamment du besoin, la « chasse » acquiert ainsi une valeur d'excitation éminemment positive, au point de donner son sens et un sens au fonctionnement psychique dès les prémisses de sa mise en forme. Par ailleurs, se trouverait ainsi confirmée l'hypothèse freudienne de l'étayage, non certes de la pulsion sexuelle, mais d'une pulsion de plaisir sur la satisfaction des grands besoins vitaux.

Rappelons que le petit d'homme est un prématuré biologique, donc, davantage vulnérable à la frustration et au stress que l'animal. La sommation de divers phénomènes, dont la libération de ces endomorphines, aurait pu ainsi, au cours de l'évolution, développer dans l'espèce humaine la recherche du plaisir en *tant que fonction autonome*. Le plaisir d'organe, sur le mode non volontaire du conditionnement acquis, puis de manière volontaire, se serait ainsi autonomisé de la satisfaction proprement dite du besoin. C'est « la chasse au Snark » plus que la capture du gibier qui motive l'être humain.

Au niveau cérébral, les multiples associations nouées entre les divers souvenirs du plaisir et de sa recherche seraient ainsi fondatrices quant à une première organisation psychique. Déconnectée de tout rapport direct d'étalonnage de la réalité en raison du retard de la motricité volontaire dans notre espèce, cette première organisation psychique, placée hors épreuve de réalité, correspondrait à un état fantasmatique élémentaire. A partir de cette première organisation psychique fonctionnant à huis clos et ne connaissant que la chasse au plaisir se formerait ultérieurement, après la mise en œuvre du refoulement primaire, l'Inconscient refoulé. Par ailleurs, cette première organisation psychique s'étant constituée sur la base des plaisirs d'organe et de leurs souvenirs, ce serait certes finalement avec la « tête » et le cerveau que l'on penserait, mais avec une « tête » à l'intérieur de laquelle la toile de fond psychique a été tissée des souvenirs de plaisir de l'ensemble des zones hédogènes du corps. Quant au mouvement de la chasse au plaisir, il serait celui-là même du fonctionnement psychique, lui donnant son dynamisme et son orientation.

Nous n'avons présenté ces hypothèses que pour montrer combien, et sans rien renier de la spécificité de leur objet d'étude, les théoriciens de la psychanalyse pourraient trouver motif et intérêt à suivre de près l'évolution des neuro-sciences. Ce que leur interdisent absolument, à l'heure actuelle, les deux postulats de la « biologie freudienne ».

13

Fantasme, affect et plaisir

Je souhaite placer sous l'invocation de Proust, ce chapitre consacré au fantasme, à l'affect et au plaisir :

> « Mais à l'instant même où la gorgée mêlée des miettes du gâteau toucha mon palais [...] un plaisir délicieux m'avait envahi, isolé, sans la notion de sa cause ; il m'avait aussitôt rendu les vicissitudes de la vie indifférentes, ses désastres inoffensifs, sa brièveté illusoire, de la même façon qu'opère l'amour, en me remplissant d'une essence précieuse [...] j'avais cessé de me sentir médiocre, contingent, mortel. »

Disons immédiatement que le « fantasme de la madeleine », le plus célèbre peut-être d'entre tous, ne serait pas considéré tout à fait comme un fantasme par Freud, n'étant ni visuel ni auditif. Une telle remarque, qui pourrait apparaître de détail, introduit pourtant à une question probablement fondamentale à propos du fantasme.

Cette question est la suivante : le fantasme vise-t-il chez le très jeune enfant à reproduire la perception d'un *objet extérieur* (une personne ou une partie de cette personne) ayant été à l'origine d'une expérience de satisfaction (tel l'apaisement de la faim) ? Ou vise-t-il fondamentalement à répéter ce qui fut antérieur à toute perception, à savoir, comme nous venons d'en faire l'hypothèse dans le chapitre précédent, le *plaisir* d'abord associé à l'expérience de satisfaction ? Est-il le premier pas fait sur la voie de la reconnaissance des conditions objectives qui permettent la satisfaction et, comme écrit Freud dans *L'Inter-*

prétation des rêves, la recherche d'une « identité de perception », à savoir l'hallucination par le nourrisson du souvenir de l'objet — le sein — avec lequel était venue la satisfaction ? Ou bien est-il, en son essence, l'enfoncement du sujet au plus profond de lui-même pour retrouver au tout début de lui-même, là où n'était pas encore de perception, le souvenir non de la perception mais du seul plaisir ? Autre façon de poser la question : le fantasme, en son essence, est-ce déjà l'objet, contient-il l'objet ou non ?

Bref, le fantasme : une expérience de réalité, compte tenu du faible degré de réalité atteignable par le petit enfant ; on « hallucine » alors la mère, ou le sein maternel, et une telle hallucination serait le degré premier, le signifiant élémentaire du fantasme, le plus petit élément chargé d'une valeur significative.

Ou bien le fantasme est-il une expérience toute de subjectivité et d'irréalité qui renvoie à l'extrême début de la vie psychique ; le fantasme : réveil d'états vécus de la petite enfance en rapport avec les seuls plaisirs d'organe, avec la seule recherche d'un plaisir auto-produit en dérivation de la satisfaction. Et dans ce cas l'image de la mère — ou toute autre image —, qui se superpose ultérieurement à cet état fondamental, n'est qu'un leurre derrière lequel se tient le sujet seul, comme englouti en lui-même, clos dans un plaisir non relié à quoi que ce soit d'extérieur, seul dans l'absolu de l'irréalité. Derrière les scénarios fantasmatiques ultérieurs se poursuivrait alors une recherche toxicomaniaque du fantasme à l'état pur (le fantasme « blanc », sans aucune représentation mentale) dont les scénarios à la fois permettraient l'approche et interdiraient l'accès. Il est concevable que la satisfaction du besoin soit associée chez le nourrisson à une perception (ou à une pré-perception), mais le plaisir, lui, ce serait avec la satisfaction seule qu'il aurait d'abord noué des liens avant de se dissocier d'elle pour chasser « dans la tête » sur les seules « terres à plaisir » que l'engrammation successive des souvenirs de plaisir aurait constituées.

Cette seconde interprétation sera la nôtre [1].

Le fantasme à l'état presque pur : « l'étourdissement d'une

---

1. G. Mendel, « La sublimation artistique », *Revue française de psychanalyse*, n° 5-6, 1964, p. 729-808.

incertitude pareille qu'on éprouve parfois devant une vision ineffable au moment de s'endormir » (Proust). La vision ineffable : le leurre dernier. Le fantasme pur, « blanc » : la drogue. Qui procure un plaisir de nature autre que la satisfaction du besoin physiologique ; un plaisir dont il est évident qu'il n'a rien à voir avec la sexualité. La drogue qui peut être la drogue fantasmatique du plaisir total du nourrisson (ou le « cinéma intérieur » quasi permanent de certains adolescents) ou bien la drogue chimique usurpant la place de la première au niveau des récepteurs cérébraux. Au cœur du fantasme, le diamant noir de la quête de l'absolu, de la recherche de la totalité. Un diamant noir particulier à la condition humaine tout autant que le « soleil de la raison ».

La conception pour ainsi dire « autistique » de la nature (originelle) du fantasme que nous venons d'exposer ne signifie pas que cet état fantasmatique premier reste tel la vie durant. La vie fantasmatique, qui est l'une des caractéristiques fondamentales de l'être humain, possède une complexité et une richesse évolutives que nous ne faisons encore probablement que commencer à soupçonner.

C'est, peut-on penser, tout le domaine psychique qui s'étend entre un état fantasmatique originel (sans objet) et les fantasmes conscients et inconscients ultérieurs concernant l'objet extérieur et intériorisé (et qui est d'abord la mère) que Winnicott a décrit sous le nom d'« aire intermédiaire », dans laquelle se produisent les phénomènes dits par lui « transitionnels », lesquels parviennent à trouver des répondants extérieurs dans des « objets transitionnels »[2].

Ce qu'il faut souligner dans la conception de Winnicott, c'est que, pour parcourir les étapes de sa propre évolution, le fantasme a besoin non pas tant d'un rapport à la réalité objective de la mère — laquelle réalité objective concerne la satisfaction des besoins — que d'une relation à la fois précise

2. Donald WINNICOTT (1896-1971), psychanalyste anglais. Les textes concernant l'« espace transitionnel » se trouvent dans *De la pédiatrie à la psychanalyse* (« Objets transitionnels et phénomènes transitionnels », 1951-1953) et dans *Jeu et réalité*, le dernier livre qu'il ait écrit.

et très particulière à la réalité intérieure, subjective de celle-ci. L'« aire intermédiaire », espace psychique nécessaire au nourrisson et qui se met en forme durant le cours de la première année de la vie, est une véritable création à deux à laquelle concourent également le petit enfant et sa mère. Citons Winnicott : « L'enfant tète un sein qui fait partie de lui-même et la mère allaite un enfant qui est une partie d'elle-même », « La mère au début, en s'adaptant presque à cent pour cent, permet à l'enfant d'avoir l'*illusion* que son sein fait partie de l'enfant. (...) Si la mère s'adapte suffisamment bien aux besoins de l'enfant, celui-ci en tire l'*illusion* qu'il existe une réalité extérieure qui correspond à sa capacité de *créer.* » Une telle formulation conduit à s'interroger sur les trois phénomènes que sont, respectivement, l'attitude intérieure de la mère, la capacité de création, la préservation de l'illusion au travers d'une relation à une personne réelle.

Il nous semble que l'« aptitude particulière » de la mère dont parle Winnicott ne peut être comprise qu'à l'intérieur d'une conception élargie du fantasme. La mère, en effet, manifeste, exprime cette aptitude non avec un fantasme qu'elle aurait « dans la tête » et qui s'apparenterait — ainsi définit-on habituellement le fantasme — à une « image », mais à l'intérieur d'une activité psychique (car ce n'est pas seulement le corps qui est concerné) qui intéresse tous les sens, et non seulement les sens mais l'ensemble de la sensibilité extéro- et proprioceptive. La mère adapte intuitivement ses fantasmes (au plein sens que nous donnons à ce terme) à ceux du nourrisson. Dans son effort de fantasmatisation vers la recherche du plaisir, le nourrisson rencontre une présence vivante et réelle, et dont la réalité objective et subjective concorde parfaitement avec son désir : l'appel au souvenir de cette odeur-ci, unique, de la mère aimante rencontre et le souvenir (psychique) de l'odeur et la présence sensorielle de l'odeur elle-même ; l'appel au souvenir du contact de cette peau-ci, unique, de la mère aimante rencontre et le souvenir (psychique) du contact de la peau et la présence sensorielle du contact de cette peau...

Autrement dit, le monde psychique du plaisir et du fantasme ne peut, en cette période de vulnérabilité, connaître de développement que dans une première rencontre avec la réalité extérieure qui s'opère sous le double signe de l'irréalité (le souvenir) et de la réalité, de la subjectivité et de l'objectivité.

Mais, et c'est sur ce point décisif pour lui que Winnicott insiste, une telle rencontre ne doit imposer à aucun moment au nourrisson la réalité de l'autre comme étant celle d'un être qui ne serait pas lui. L'aptitude de la mère est celle par laquelle elle épouse intérieurement et dans son corps la « chasse au plaisir », qui n'est pas la simple recherche de la satisfaction, par laquelle se manifeste l'activité fantasmatique du nourrisson.

Ce n'est pas ici le lieu de développer les thèses originales et profondes de Winnicott concernant cette « aire intermédiaire », qui n'est pas celle de l'adaptation opératoire du Moi à la réalité, mais bien plutôt celle où naîtrait la capacité d'une conciliation tempérée de l'irréalité consubstantielle de l'être humain avec la réalité objective. En l'absence d'une telle conciliation, c'est une opposition, explicite ou plus souvent détournée, au monde extérieur qui définitivement prévaudra. La formation d'une telle « aire intermédiaire » rend le sujet capable de créer des « objets transitionnels », tels, d'abord, ceux universels de la poupée, de l'ours en peluche, ou des jouets. « Cette zone intermédiaire de l'expérience, écrit Winnicott, pour laquelle ne se pose pas la question de savoir si elle appartient à la réalité intérieure ou extérieure (partagée), constitue la partie la plus importante de l'expérience infantile. Tout au long de la vie, elle se maintient dans cette expérience intense qui est du domaine des arts, de la religion, de la vie imaginative, de la création scientifique. On peut donc accorder une valeur positive à l'illusion. » Plus largement encore, l'espace transitionnel permet, écrit-il, « un mode créatif de perception qui donne à l'individu le sentiment que la vie vaut d'être vécue ».

La pulsion, nous l'avons vu, est au cœur de la théorie psychanalytique. Le fantasme, lui, est au centre de la pratique du psychanalyste. Dans la cure, l'analyste cherche à repérer les fantasmes inconscients, actifs sous les associations d'idées, présents derrière le contenu manifeste des rêves, à l'œuvre dans les symptômes ou dans les conduites répétitives.

Quels rapports, alors, entre la pulsion et le fantasme ?

La pulsion, en cas de dissociation de son unité, connaît un destin double : celui des représentations refoulées, celui de l'affect non refoulé. Les représentations refoulées seraient-elles ces fantasmes inconscients, objets de l'investigation de l'analyste ? Oui et non.

Oui, car on peut facilement imaginer que les représentations refoulées empruntent pour échapper au refoulement et retrouver leurs affects d'origine, d'avant la dissociation, des formes détournées qui tromperont la censure : rêveries diurnes, contenus manifestes des rêves, symptômes...

Non, pour Freud, si l'on entend faire débuter le fantasme au tout début de la vie, bien avant que les progrès de la perception n'enregistrent et ne mémorisent l'image de l'objet. Pour Freud, en effet, l'objet peut être intériorisé avant d'être perçu ; ce qui lui permet d'avancer l'idée qu'il n'y a pas de « représentations » psychiques d'état purement subjectifs, pré-perceptifs, et qui ne concerneraient pas l'objet... Il existe seulement deux classes de « représentations » psychiques : les « représentations de choses », qui peuplent l'Inconscient à partir d'anciennes perceptions visuelles ou auditives ; les « représentations de mots », dans le Préconscient.

Nous revenons ainsi au problème déjà évoqué : le fantasme dans sa spécificité est-il une propriété du sujet lui-même ? Ou bien exige-t-il pour apparaître la présence virtuelle de l'objet à l'intérieur du fantasme : l'objet est-il ou non *constitutif* du fantasme ?

Il semble bien, nous l'avons dit, que pour Freud l'objet soit constitutif du fantasme. L'explication de cette position serait à chercher dans la perspective phylogénétique où se place Freud. L'essence du fantasme serait constituée par des fantasmes venus des tout débuts de l'humanité, génétiquement transmis, et qui exigeraient pour être activés la présence de l'objet :

> « [...] Il reste à expliquer pourquoi les mêmes fantasmes avec le même contenu sont créés en chaque occasion. Ma réponse, je le sais, vous étonnera. Je crois que ces fantasmes primaires [...] et sans doute quelques autres aussi sont un héritage phylogénétique. Avec eux, l'individu atteint, au-delà de sa propre expérience, à une expérience originaire, là où sa propre expérience a été trop rudimentaire. Il me paraît tout à fait possible [...] que les enfants dans leurs fantasmes comblent simplement les lacunes de la vérité individuelle avec une vérité préhistorique. Non seulement le fantasme, mais l'affect lui-même reproduirait "des événements anciens [...] pré-individuels" : "Nous voyons en ces affects [l'angoisse et tous les autres affects] des accès hystériques, typiques, congénitaux [...] [3]." »

3. 23e Conférence, Std. Ed., 16, p. 370-371.

On saisit ici comment la « biologie freudienne » s'introduit profondément à l'intérieur même de la théorie psychanalytique. Prisonnier de son idéologie, Freud ne peut ni concevoir ni admettre que le sujet soit par lui-même *autoproducteur* du fantasme. Ou des affects[4]. Autrement dit, que ce soient les souvenirs des plaisirs sensitifs, sensoriels (des cinq sens), associés à la satisfaction, qui constituent la base du fantasme, c'est-à-dire un état fantasmatique primordial et élémentaire, sur lequel vont progressivement se greffer, mais seulement ensuite, à partir des perceptions, les jeux de plus en plus complexes de l'imagination fantasmatique proprement dite (et là joue son rôle l'« aire intermédiaire » de Winnicott). Et là, en ce cas, nulle intervention, à aucun niveau, de « fantasmes originaires » phylogénétiques. Alors que, pour Freud, même le contenu des rêves a à voir avec la phylogenèse : « Le rêve fait, en outre, surgir des matériaux qui n'appartiennent ni à la vie adulte ni à l'enfance du rêveur. Il faut donc considérer ces matériaux-là comme faisant partie de l'héritage *archaïque*, résultat de l'expérience des aïeux, que l'enfant apporte en naissant, avant même d'avoir commencé à vivre[5]. »

Nous allons voir maintenant que si l'on fait remonter l'origine du fantasme au tout début de chaque vie individuelle et non plus à la naissance de l'humanité, la conception si forte de Freud concernant le « double circuit » peut non seulement être gardée, mais prend même une importance encore plus grande. En quoi consiste exactement ce « double circuit » ?

L'une des hypothèses les plus fondamentales de Freud est que la pulsion « sexuelle » se développe en *s'étayant* sur les fonctions vitales. La sexualité orale (et le plaisir « sexuel » qui l'accompagne), de potentielle qu'elle serait à la naissance, deviendrait réelle à l'occasion de la satisfaction du besoin nutritif. Si l'on additionne les notations du chapitre 7 de

4. *Inhibition, symptôme, angoisse* : « Cela n'implique pas que l'anxiété occupe une position exceptionnelle parmi les affects. Selon mon opinion, les autres affects reproduisent également des expériences d'importance vitale très précoces et peut-être même pré-individuelles, et je serais incliné à les regarder comme des attaques hystériques universelles, typiques et innées [...] » (Std. Ed., 20, p. 133).

5. *Abrégé*, p. 30. Souligné par Freud.

L'Interprétation des rêves — où il n'est encore question, à propos du désir, que de l'hallucination de l'objet à l'origine de la satisfaction — et celles des *Trois essais*, où apparaît le plaisir d'organe, une théorie complète du « double circuit » est offerte à la réflexion. Un plaisir local intense concernant les lèvres, la bouche, la langue est apparu à l'occasion de l'allaitement. Ce plaisir est, pour Freud, à distinguer de la satisfaction de la faim ; il doit en être distingué parce qu'il est de nature sexuelle, alors que la satisfaction ne l'est pas ; la nature sexuelle du plaisir est liée à un chimisme particulier : « [...] Les processus sexuels de l'organisme se différencient des processus nutritifs par un chimisme particulier. [...] Cette excitation sexuelle ne vient pas seulement des parties dites génitales, mais de tous les organes du corps[6]. »

La pensée freudienne concernant le « double circuit » — celui de la satisfaction du besoin, et celui du plaisir — peut être parfaitement préservée si, à la place de la pulsion sexuelle, on pose une pulsion de plaisir. En effet, le point essentiel est ici celui qui concerne le *mouvement du désir* (au sens freudien du terme désir). A savoir que, à l'occasion de la faim qui renaît, ou même indépendamment de la faim devant toute tension, un mouvement intérieur se produit chez le nourrisson et le jeune enfant pour *réveiller le souvenir du plaisir*[7]. Soit par un réflexe conditionné : l'insatisfaction et la tension étant déjà liées par le conditionnement à des souvenirs anciens dans lesquels la tension a toujours été suivie du plaisir ; soit par une stimulation active : la masturbation du plaisir d'organe (le suçotement des lèvres, par exemple).

Si l'hypothèse d'un tel second circuit est à ce point fondamentale, c'est que, avec lui, s'ouvrirait le psychisme humain. Il s'ouvre dans et par un système qui, on l'a vu, va devenir de plus en plus complexe et ramifié pour finalement constituer l'imagination inconsciente et consciente ; un système qui va fonctionner comme destiné à *leurrer la réalité objective.* Le jeune enfant invoque les souvenirs de plaisir — qui pour Freud sont de l'ordre du « déjà passé », du purement subjectif — pour tromper la faim présente, pour neutraliser les tensions,

6. *Trois essais*, p. 158.
7. « Il est clair, en outre, que l'acte de l'enfant qui suçote est déterminé par la recherche d'un plaisir déjà vécu et désormais remémoré » (*Trois essais*, p. 105).

qui sont, elles, de l'ordre de la réalité actuelle et objective, qu'elle soit intérieure ou extérieure.

Ainsi, à l'origine même du psychisme humain, et bien plus anciennement et profondément ancré que la conscience ou que le sens de la réalité, existerait un système auto-leurrant [8] qui utilise le plaisir pour échapper à la réalité : « Un plaisir délicieux m'avait envahi, isolé [...] ; il m'avait aussitôt rendu les vicissitudes de la vie indifférentes, ses désastres inoffensifs, sa brièveté illusoire [...], j'avais cessé de me sentir médiocre, contingent, mortel. »

De tels souvenirs de plaisir ne sont pas un pur affect de plaisir. Ils sont dépendants de ce que l'on pourrait nommer — par analogie avec les représentations « de choses » et « de mots » et les précédant dans le temps — des « représentations d'états sensibles » correspondant à des états vécus internes et inscrits dans les neurones et les synapses du cerveau au titre des souvenirs de plaisirs sensitifs et sensoriels. Ces « représentations d'états sensibles » seraient ainsi à la source des émotions propres à chacun et à propos desquelles Gide écrit, dans *Le Journal des faux-monnayeurs* : « L'émotion gêne, et néanmoins tout est perdu dès qu'on l'élude ou que seulement elle diminue ; car, somme toute, elle est la fin dernière, et c'est à cause d'elle que l'on joue. »

Nous venons de prononcer un mot qui a fort mauvaise presse parmi les psychanalystes, celui de « vécu ».

Paradoxe du « vécu » ! Il est dans la cure, pour nombre d'analystes, ce grâce à quoi électivement des changements profonds s'opèrent chez le patient. L'« abréaction », la « réaction émotionnelle corrective » ne sont pas de vains mots, même s'ils expriment maladroitement la réalité dont ils

8. Ce système auto-leurrant ne se développerait tel en l'être humain qu'en raison de sa prématuration biologique à la naissance qui fait qu'une période de temps particulièrement longue précède le développement de l'activité volontaire ; période de temps où prédomine largement ce qui est de l'ordre de la sensation, de la sensitivité, de la sensorialité, de la subjectivité absolue. Par ailleurs, la richesse particulière du cerveau humain en fibres d'association permettrait aux multiples souvenirs de plaisir engrammés durant cette période de nouer des connexions, lesquelles deviendraient progressivement, au long des mois, des scénarios au centre desquels se place le sujet lui-même.

entendent rendre compte. Ce sont moins les savantes constructions intellectuelles ou les hypothèses les plus subtiles qui font avancer le travail analytique que ces « moments féconds » où sont revécus « à chaud », émotionnellement et authentiquement, certains fantasmes ou événements de l'enfance. Qui seront interprétés ensuite, mais pas avant qu'ils n'aient complètement épuisé leur force, qu'ils ne soient allés jusqu'au terme de leur portée. Pourtant il n'est généralement parlé du « vécu » par les psychanalystes que sur un ton condescendant, voire méprisant : le vécu, ce serait de l'« indicible », de l'« ineffable », un magma affectif non théorisable.

Comme si le « vécu », même réduit au seul affect, ne reposait pas, lui aussi, sur des « représentations » précises...

On voit ici combien la position phylogénétique de Freud, en liant la naissance du fantasme à la perception de l'objet, en scotomisant la phase pré-perceptive, a gêné la théorisation du « vécu ». Tout au contraire, en connectant les vécus à des « représentations d'états sensibles », le « vécu » devient théorisable, avec des lois, des formes, une structure.

Ne pas donner une place dans la théorie au « vécu », c'est s'exposer à passer à côté des mouvements profonds qui se développent dans la cure, loin de la surface où le discours du patient et les interprétations de l'analyste se répondent. Ne pas prendre en compte ce que nous nommons ici l'état fantasmatique avec ses qualités psychiques individuelles, c'est se refuser à accepter la différence la plus notable de l'autre : sa tonalité de base, sa musique intérieure où le rythme du plaisir et du déplaisir se déroule dans son registre singulier, avec des couleurs et une amplitude qui sont particuliers à chaque individu ; une tonalité, un rythme, une musique qui déterminent peut-être l'essentiel de sa présence au monde et qui pourtant ne sont pas communicables par les mots puisqu'ils les précèdent dans le temps. Peut-être serait-ce la spécificité de l'art que de les transmettre, sous les mots, les formes ou les sons, par le style et la forme qui font les grandes œuvres au moins autant que le fond.

Est-ce à dire qu'une telle tonalité de base propre à chaque individu se mettrait en forme définitivement dans la petite enfance, et qu'elle ne se recomposerait pas éventuellement à l'occasion d'expériences émotionnelles ultérieures ? Tout est possible, probablement. Mais il est, par exemple, bien difficile de ne pas penser que la force ou la faiblesse de l'appétit à vivre, la voracité ou le faible goût pour la vie n'aient pas définitivement quelque chose à voir avec la régulation interne intervenue durant la petite enfance d'éléments acquis (les expériences de plaisir et la formation de l'espace transitionnel) et d'éléments innés (le phénotype familial, qui n'a rien à voir avec des « fantasmes originaires ») donnant naissance, en ce domaine de l'ardeur à vivre, à une véritable structure de base de l'individu.

L'existence de telles « représentations d'états sensibles » permettrait également de répondre à une critique que ne peuvent manquer de faire les psychanalystes devant l'hypothèse d'une pulsion de plaisir. Une critique qui est certes formelle, mais qu'il est nécessaire d'accepter sur ce plan dans la mesure où nous pensons que la théorie psychanalytique ne peut se passer du concept de pulsion. Il faut donc prendre ce concept dans la définition même donnée par Freud, à savoir que, en cas de dissociation de la pulsion, celle-ci connaît un double destin : celui d'une représentation (refoulée) et celui de l'affect (non refoulé). Le plaisir étant par définition un affect, la pulsion de plaisir se réduirait, en effet, à n'être qu'affect — et non pas pulsion — en l'absence de « représentations d'états sensibles ». La pulsion de plaisir, c'est l'association de ces représentations et de l'affect de plaisir.

Ce sont les écrivains qui imposent vraiment la réalité du fantasme et la nécessité de donner sa place à l'état fantasmatique. Bien que cet état soit, en son essence, au-delà des mots, certains écrivains parviennent pourtant à le restituer, à le transmettre, tant il conserve de présence active chez eux.

On pourrait facilement montrer comment un tel état fantasmatique se libère à la faveur d'une passivité quasi extatique chez Rousseau : « Souvent [dans l'île Saint-Pierre], laissant aller mon bateau à la merci de l'air et de l'eau, je me livrais à des rêves sans [...] objet. Le moment où je dérivais me donnait une joie qui allait jusqu'au tressaillement et dont il m'est impossible de dire ni de bien comprendre la cause [...] Je m'écriais parfois avec attendrissement : O Nature, O ma mère me voici sous ta seule garde [...] [9]. » C'est sous l'emprise de la drogue, chez Edgar Poe, que la libération fantasmatique se produit : « L'épais brouillard ou fumée qui distingue l'été indien [...] Cependant l'opium avait produit son effet accoutumé [...]. Dans le tremblement d'une feuille — dans la couleur d'un brin d'herbe — dans la forme d'un trèfle — dans le bourdonnement d'une abeille — dans l'éclat d'une goutte de rosée — dans le soupir de la forêt, se produisait tout un monde d'inspiration, une procession magnifique et bigarrée de pensées désordonnées et rhapsodiques [10]. »

Rêves sans objet reconnaissable : l'état fantasmatique premier.

L'opium : bien avant que les neuro-sciences eussent montré que le cerveau produisait des endomorphines et qu'il était donc ainsi un producteur organique de plaisir, Edgar Poe avait su marquer l'identité de nature entre l'état fantasmatique naturel et l'état induit par la drogue, l'identité de nature entre les paradis (et les enfers) naturels de la petite enfance et les paradis artificiels.

Rousseau, Poe, tant d'autres encore... Il faudrait citer ici De Quincey, Coleridge et « son pouvoir de visualiser des scènes irréelles », et ceux qu'on nomme les petits romantiques allemands. Il faudrait étudier longuement William Blake et son *Mariage du Ciel et de l'Enfer*, c'est-à-dire l'état fantasmatique sous sa forme de plaisir total ou d'angoisse totale, l'état fantasmatique dans sa globalité sans mesure : « Le désir de l'homme étant infini, la possession est infinie, et lui-même est l'infini. »

Il est un auteur qui plus qu'aucun autre a construit son œuvre sur la reconnaissance et la célébration du fantasme. Le « temps perdu » dont Proust opère systématiquement la « recherche », c'est très évidemment l'état fantasmatique de la petite enfance. État qu'il faut *retrouver* : alors, il « éprouve la résistance et [...] entend la rumeur des distances traversées » ; qu'il lui faut traduire, et l'ensemble des représentations recueillies en une vie n'est pas de trop pour en donner un simple équivalent : « [...] Ce livre essentiel, le seul livre vrai, un grand écrivain n'a pas dans le sens courant à l'inventer, puisqu'il existe déjà en chacun

9. *Les Confessions*, « La Pléiade », p. 463-464.
10. *Histoires extraordinaires*, « La Pléiade », p. 238.

de nous, mais à le traduire. Le devoir et la tâche d'un écrivain sont d'un traducteur. »

Il faudrait consacrer une étude entière à Proust pour montrer comment chez lui l'état fantasmatique déborde la sphère du visuel à laquelle on voudrait à tort le limiter, et englobe l'ensemble de la sensibilité et de la sensorialité. Bien entendu, on pense en premier lieu au fantasme gustatif (et affectif) de la tasse de thé et de la madeleine.

On découvre dans la « Matinée chez la princesse de Guermantes » par laquelle l'œuvre s'achève un exceptionnel florilège fantasmatique. Un fantasme *proprioceptif* : une félicité toute semblable à celle déjà décrite apparaît au moment où le narrateur « pose son pied sur un pavé qui était un peu moins élevé que le précédent » ; un fantasme *acoustique* : même plaisir au bruit, causé par un domestique, d'une cuillère heurtant une assiette ; un fantasme *tactile* : au contact sur la bouche d'une serviette raide et empesée...

Chaque fois, secondairement, Proust retrouve le souvenir ancien éveillé par la sensation actuelle : Venise, Rivebelle, Balbec. Cette coalescence, le temps d'un éclair et qui nie le temps, de deux moments, l'un présent, l'autre passé, lui apparaît être à la source du plaisir éprouvé, et sa recherche donnée à voir est pour lui la raison d'être de l'art. Son objectif littéraire est de parvenir à restituer une réalité irréductiblement personnelle, une identité subjective propre qui « est un certain rapport entre ces sensations et ces souvenirs qui nous entourent simultanément ».

L'état fantasmatique : le propre d'un « être qui n'apparaissait que quand, par une de ces identités entre le présent et le passé, il se trouvait dans le seul milieu où il pût vivre, jouir de l'essence des choses, c'est-à-dire en dehors du temps ».

Insistant longuement sur ce caractère d'affranchissement de l'ordre du temps, Proust en arrive à ce qui lui paraît le plus proche de cet état fantasmatique vécu : « l'étourdissement d'une incertitude pareille qu'on éprouve parfois devant une vision ineffable, au moment de s'endormir ».

Par le thème de l'endormissement succédant à celui de l'attente de la mère qui ouvrait le livre, se trouverait ainsi, dans les dernières pages, bouclée la boucle qui donne son sens non seulement à l'œuvre, mais également à l'existence même de Proust depuis ses années d'enfance jusqu'à son accomplissement d'écrivain, au travers des vicissitudes sexuelles ou psychosomatiques. L'œuvre créée, c'est le fantasme d'un individu en ce qu'il a de plus profond, c'est-à-dire son être au monde le plus personnel transmué en un objet matériel et devenu ainsi comme un double visible. Mais, aussi et ainsi, Proust qui meurt rejoint sa mère : enfantant l'œuvre, il a comme auto-enfanté celle qui fut au tout début de la vie.

Plus fondamental encore que l'image de la mère serait, en deçà d'elle, avant que son apparition commence à être perçue, l'« écran blanc du rêve » qu'a décrit le psychanalyste Bernard Lewin, l'écran blanc sur lequel tout rêve se projette et qui demeure inaperçu du rêveur. L'écran blanc du fantasme est, sans doute, la « vision ineffable » évoquée par Proust : la vie psychique touchée à son extrémité naissante avant qu'elle disparaisse à tout jamais dans la mort. Le temps court-circuité. Ce temps qu'évoquent les dernières lignes de *A la recherche* : « [...] les hommes [...] occupant une place si considérable, à côté de celle si restreinte qui leur est réservée dans l'espace, une place au contraire prolongée sans mesure — puisqu'ils touchent simultanément, comme des géants plongés dans les années, à des époques si distantes, entre lesquelles tant de jours sont venus se placer — dans le Temps. »

14

Compulsion de répétition et mémoire contraignante

> « Ce phénix des radoteurs dont les redites sont toujours nouvelles et qui s'appelle le cœur de l'homme. »
>
> *L'Ensorcelée*, BARBEY D'AUREVILLY.

Nous avons jusqu'à présent parlé du plaisir et de l'affect psychique de plaisir. Poser l'existence d'une pulsion de plaisir tout en conservant l'architecture théorique freudienne, c'est placer le plaisir, en tant que phénomène organique différent de la satisfaction, à la source somatique du psychisme humain ; c'est prétendre également que le psychisme s'organise autour de cette pulsion : soit pour en refouler éventuellement les représentations parce qu'elles seraient à l'origine d'un déplaisir pour le Moi ; soit, à l'aide en particulier des mécanismes de défense, pour négocier, au niveau du Moi, du plaisir qui soit compatible à la fois avec la vulnérabilité foncière de celui-ci et avec les impératifs de la réalité extérieure, en particulier sociale.

Rappelons que nous n'avons jusqu'ici envisagé la pulsion de plaisir que pour la première enfance, qui correspond à ce que Freud nomme la phase orale, et que nous préférerions, avec d'autres auteurs, appeler phase « archaïque ». Il nous reste à étudier, ce sera l'objet des prochains chapitres, le destin d'une telle pulsion de plaisir lors des phases suivantes de la seconde enfance, classiquement nommées phase anale et phase phallique.

Donc, nous avons jusqu'à présent parlé du plaisir et n'avons parlé que de lui.

Or, l'expérience psychanalytique nous montre à l'évidence que, *sur le divan, c'est bien moins le plaisir que le déplaisir qui se manifeste, et de la manière la plus répétitive qui soit.*

On peut même s'étonner que ce soit si tardivement (1919-1920, à soixante-trois ans) que Freud ait été amené à réfléchir sur une telle répétition du déplaisir :

> « Mais le fait nouveau et remarquable qu'il nous faut maintenant décrire est ceci : la compulsion de répétition ramène aussi des expériences du passé qui ne comportent aucune possibilité de plaisir et qui, même en leur temps, n'ont pu apporter satisfaction, pas même aux motions pulsionnelles ultérieurement refoulées [...].
> « Voici que, dans le transfert, les névrosés répètent et font revivre avec beaucoup d'habileté toutes ces circonstances non désirées et toutes ces situations affectives douloureuses. Ils aspirent à interrompre la cure alors qu'elle est inachevée, ils savent se procurer à nouveau l'impression d'être dédaignés, contraindre le médecin à leur parler durement et à les traiter froidement, ils trouvent à leur jalousie les objets appropriés [...] Rien dans tout cela qui ait pu autrefois procurer du plaisir [1]. »

Deux problèmes différents sont à envisager à ce propos.

Le premier concerne la nature du déplaisir : se pourrait-il qu'existe une pulsion de déplaisir, antagoniste de la pulsion de plaisir ? Rappelons que, Freud, avant de faire régir le fonctionnement psychique par le principe de plaisir (avec pour finalité de procurer le plaisir et d'éviter le déplaisir), avait, dans un premier temps [2], promu à ce rôle *leader* un principe de déplaisir. En fait, le problème posé ici est beaucoup plus général. Car s'il est vrai que, dans la théorisation freudienne, la pulsion sexuelle est le moteur autour duquel s'organise la vie psychique humaine, cette pulsion, quels que soient les avatars théoriques, se voit toujours *contrée.*

Le premier apport fondamental de Freud, c'est d'avoir introduit le *fantasme inconscient* dans la psychologie et d'avoir fait en sorte qu'il y occupe la première place. Un second apport concerne l'hypothèse de l'existence d'un « double circuit » : celui visant à l'extinction de la satisfaction du besoin et celui (proprement psychique) du désir cherchant à se réaliser dans le

1. *Au-delà du principe de plaisir*, p. 60 et 61.
2. *L'Interprétation des rêves*, p. 488 et 510.

plaisir. Et le troisième apport, tout aussi important que les deux premiers, concerne la notion que, de manière véritablement anthropologique, c'est-à-dire bien au-delà du conflit névrotique ou psychotique, le psychisme humain est travaillé en permanence par le *conflit*. Le conflit intrapsychique habite l'âme humaine à jamais.

Disons-le : la notion d'un conflit intrapsychique est entièrement originale, elle appartient tout entière à Freud. Alors que le concept de pulsion sexuelle pourrait être facilement rapproché de ses équivalents dans le grand mouvement théorique et clinique du magnétisme animal qui, né dans les années 1770, avec Mesmer s'est poursuivi tout au long du XIXe siècle sous des formes diverses avec de Puységur, Deleuze, de Faria, Liebault, Bernheim, et dont on sait qu'il a profondément influencé Freud. Le magnétisme animal se partagea en deux courants : celui des *fluidistes*, pour lesquels un corps matériel (le « fluide ») était à l'origine des phénomènes observés ; et celui des *animistes* pour qui comptaient seulement les facteurs psychologiques et interpersonnels. Le « fluide magnétique » des années 1780 apparaît comme la version modernisée du vieux « fluide vital [3] », sous l'influence des découvertes récentes et spectaculaires concernant l'électricité (la bouteille de Leyde, le paratonnerre...) ; et, pareillement, la « libido » — qui est pour Freud un corps matériel, de composition chimique et de nature sexuelle — peut être considérée comme la nouvelle version du même « fluide vital », adaptée aux premières découvertes biochimiques concernant la sexualité. La psychanalyse serait ainsi parvenue à produire la synthèse du courant fluidiste (la libido) et du courant animiste (le transfert). Pourtant après 1920, elle redevient essentiellement fluidiste : comme l'était le fluide magnétique pour Mesmer (sa thèse de médecine, 1776, a pour titre : *Dissertation physico-médicale sur l'influence des planètes*), les Instincts de vie et de mort sont pour Freud un phénomène universel et cosmique.

Si la pulsion sexuelle peut être ainsi rapprochée d'équivalents plus anciens (fluide vital, fluide magnétique), ce qui, en

3. A propos du vitalisme, et sans remonter jusqu'à Hippocrate, il faut évoquer Van Helmont au début du XVIIe siècle, Stahl à la fin du même siècle, Barthez à la fin du XVIIIe siècle, Bichat avec ses *Recherches physiologiques sur la vie et la mort* (1800).

revanche, est propre à Freud et tout entier de son fond, c'est l'affirmation qu'un conflit irréductible habite le psychisme humain. Dans un tel conflit, varie — considérablement —, chez Freud, la nature du pôle qui se voit opposé au pôle sexuel qui, lui, reste immuable dans toutes les formulations.

Ainsi, pendant une quinzaine d'années, jusque vers 1910, le conflit fondamental se situe entre, d'un côté, la pulsion sexuelle et, de l'autre côté, le Moi sur lequel agit la pression sociale (la répression sociale de la sexualité). Puis, à partir des années dix, les pulsions sexuelles se voient contrées par les pulsions d'autoconservation du Moi, alimentées par une autre source d'« énergie psychique » dépendant des grandes fonctions vitales (faim, soif...). Enfin, après l'intermède moniste bref (1916) où les pulsions sexuelles et les pulsions d'autoconservation s'opposent entre elles (libido narcissique *versus* libido objectale), après 1920, ce seront les Instincts de vie (comprenant les pulsions sexuelles et les pulsions d'autoconservation) qui seront contrées par des Instincts de mort, responsables en particulier de la compulsion de répétition. Dans chacune de ces formulations — mis à part le principe de Nirvâna dans la dernière théorie —, on peut considérer que le plaisir est l'expression de la pulsion sexuelle en voie de satisfaction, et que le déplaisir est la manifestation du conflit intrapsychique. Si le déplaisir est toujours un déplaisir du Moi, le plaisir, lui, en tant qu'expression pulsionnelle peut soit être du Moi (quand la pulsion est bien intégrée), soit en quelque sorte violenter le Moi quand celui-ci qui voudrait s'opposer au plaisir n'y parvient pas [4].

Si nous posons à la place de la pulsion sexuelle une pulsion de plaisir et que nous continuons d'estimer fondé — ô combien ! — le concept freudien de conflit intrapsychique, quelles forces, alors, viendraient contrer la pulsion de plaisir ? Un premier conflit basal nous paraît se situer entre la pulsion de plaisir dans ses différentes inscriptions psychiques et une compulsion de répétition du déplaisir dont les inscriptions psychiques seraient plus ou moins marquées selon les individus. Un second conflit habiterait également le psychisme ; il intéresserait la pulsion de plaisir dans les formes d'expression

4. Dans une théorie plus complète du plaisir, il faudrait également envisager celui-ci comme pouvant être plaisir du Moi, du Surmoi, ou du Ça.

électives qu'elle peut prendre : ce second conflit, plus fondamental encore que le premier, concernerait l'opposition absolue — aussi bien dans leurs contenus que par leur logique propre — des deux organisations psychiques correspondant respectivement à la première et à la seconde enfance ; en particulier, c'est de ce second conflit que naîtrait le refoulement primaire.

Avant de tenter une hypothèse quant à la formation de l'affect de déplaisir, il paraît souhaitable de s'interroger sur la nature de la compulsion de répétition. En effet, le déplaisir n'est, de toute manière, qu'un contenu, alors que la compulsion de répétition est un processus, qui, du reste, intéresse tout autant le plaisir que le déplaisir.

La compulsion de répétition

La pratique de la psychanalyse montre à l'évidence l'extraordinaire tendance répétitive de l'esprit humain dans presque tous les comportements quotidiens.

Là, à notre sens, se situe le quatrième grand apport de Freud : avoir révélé la stéréotypie psychique, avoir montré comment et combien nous avons été « programmés » pendant l'enfance pour toute la vie.

Au plan théorique, Freud définit d'emblée les premiers désirs comme un « investissement hallucinatoire du *souvenir* de la satisfaction ». Dans les *Trois essais*, il relie la recherche active du plaisir d'organe par le très jeune enfant à l'action de la mémoire : « Il est clair que l'acte de l'enfant qui suçote est déterminé par la recherche d'un plaisir déjà vécu et désormais *remémoré*. [...] Nous dirons que les lèvres de l'enfant ont tenu le rôle d'une zone érogène et la stimulation réalisée par l'afflux de lait chaud fut sans doute la cause de la sensation de plaisir [5]. »

Le désir est toujours désir du passé. La recherche du plaisir serait, tout au moins à ses débuts, une forme de réflexe

5. « Au début, la satisfaction de la zone érogène était sans doute associée à la satisfaction du besoin alimentaire. L'activité sexuelle s'étaye tout d'abord sur une des fonctions servant à la conservation de la vie et ne s'en affranchit que plus tard » (*Trois essais*, p. 105).

conditionné inscrit dans la mémoire à partir des plaisirs connus et engrammés pendant l'enfance[6]. La vie psychique de l'adolescent ou de l'adulte, dans la sphère psycho-affective (qui n'est pas sans influencer la sphère intellectuelle), *a déjà eu lieu* ; à l'insu du sujet, elle repète un programme inscrit. Les représentations de choses (Inconscient) et de mots (Préconscient) sont des souvenirs, d'autant plus puissants que, refoulés dans l'Inconscient, ils sont devenus désormais non gouvernables par la conscience et ininfluençables par la réalité extérieure. Ce sont bien des souvenirs qui nous gouvernent, mais venus de l'enfance et non pas de la préhistoire de l'humanité.

En somme, la mémoire acquise serait, en tant que processus organique, et au moins autant que le plaisir, le principal facteur biologique à l'œuvre dans le champ qui est celui de la psychanalyse. Il suffit d'ailleurs de consulter l'index général (tome 24) des « Œuvres complètes » de Freud pour constater le grand nombre d'occurrences où il est fait appel au souvenir et à la mémoire. Nous avons vu à quel point, chez Freud, les contenus de la mémoire acquise se trouvent prédéterminés par une autre mémoire : celle (psychique) de l'espèce (les « fantasmes originaires ») phylogénétiquement transmise. C'est la même remarquable tendance à extrapoler très au-delà du champ d'observation qui se manifeste chez Freud avec le fait d'expliquer la compulsion de répétition non par la mémoire contraignante, mais par l'activité supposée d'un Instinct de mort.

Il est intéressant de noter que Freud, lorsqu'il recherche l'origine de la compulsion de répétition, au début du chapitre IV d'*Au-delà du principe de plaisir*, trouve tout d'abord sur son chemin la mémoire : « [...] Tous les processus d'excitation qui se produisent dans les autres systèmes [inconscients] y laissent des traces durables qui constituent le fondement de la mémoire, donc des restes mnésiques qui n'ont rien à voir avec le fait de devenir conscient. Souvent leur force et leur ténacité sont plus grandes si le processus qui les a laissées derrière lui n'est jamais devenu conscient[7]. »

Pourquoi Freud éprouve-t-il alors le besoin de se lancer dans ce qu'il nomme lui-même une « spéculation » « aux résonances

---

6. *L'Interprétation des rêves*, p. 481 et 482.
7. *Au-delà du principe de plaisir*, p. 66.

mystiques » pour expliquer autrement que par l'intervention de la mémoire — une mémoire d'autant plus forte que non consciente — la « poussée inhérente à l'organisme vivant vers le rétablissement d'un état antérieur » ? Pourquoi un Instinct de mort interviendrait-il comme cause de la compulsion de répétition ?

Ce que, dans la clinique de la cure, il va faire dépendre d'un Instinct de mort — « le masochisme immanent de tant de personnes, la réaction thérapeutique négative et le sentiment de culpabilité des névrosés » — pourrait plus simplement être ramené à l'influence de la mémoire contraignante du passé. Or, dans *Au-delà du principe de plaisir*, après avoir d'abord ainsi évoqué la mémoire à propos de la compulsion de répétition, Freud cesse brusquement de s'interroger à son propos ; pendant vingt pages entières, il va entreprendre une méditation assez laborieuse à propos des protozoaires, du vol migratoire des oiseaux, de « la dépendance à l'égard de la vie solaire de deux sortes de substances vivantes, l'une mâle et l'autre femelle », de la « copulation des animalcules », de « l'immortalité potentielle des unicellulaires » — tous phénomènes des moins accessibles à l'observation sur le divan et dont le rapport avec le discours des patients est, lui aussi, rien moins qu'évident.

Certes, et nous avons déjà évoqué ce point, il est hautement déculpabilisant de relier des représentations psychiques « déplaisantes » à des causes situées hors de l'enfance, et même hors de l'espèce humaine, voire, pour le cas de l'Instinct de mort, qui dépassent de très loin le cadre biologique.

N'y aurait-il pas également dans le refus de s'arrêter à la mémoire non seulement comme la cause fondatrice nécessaire de la répétition (ce que Freud reconnaît), mais aussi comme sa cause suffisante, la manifestation d'une tendance qu'on peut estimer universelle à juger que nous souffrons bien davantage, pour ce qui concerne la mémoire, de ses manques que de ses excès ? Quoi, en effet, de plus pénible pour la pensée que l'amnésie et l'oubli ? Bien avant la mort, c'est notre destinée personnelle et son identité singulière qui commencent ainsi à nous échapper avec l'affaiblissement de la mémoire. « Certains ont mal à une partie de leur corps ; moi j'ai mal à ma mémoire qui s'en va » (John Cowper Powys).

Sans doute l'idée est-elle difficilement admissible, peu supportable, que cette même mémoire, sans laquelle nous ne sommes plus nous, serait également, parce que nous programmant (à notre insu), l'anti-liberté par excellence. C'est ce qu'exprime à sa manière le héros des *Noyers de l'Altenburg* de Malraux lorsqu'il se refuse fétichistement à rien retrancher de son passé, même les moins acceptables des épreuves traversées. Faut-il rappeler combien nous sommes des êtres de routine que la force de l'habitude, consciente et plus encore inconsciente, mène où elle l'entend ? Une fois installés dans nos convictions, il ne faut rien moins qu'un tremblement de terre intérieur pour que nous en bougions. Pas de changements intérieurs même minimes sans crise d'identité. Pour l'essentiel, nos raisonnements sont circulaires, nos pensées stéréotypées, nos idées toutes faites. Il est exact pourtant, et c'est la chose du monde peut-être la plus étonnante, que des moments de vraie interrogation existent probablement dans la vie de tous les êtres humains.

Il n'est facile pour personne, cette personne fût-elle Freud lui-même, d'admettre que notre psycho-affectivité profonde est, pour l'essentiel, programmée durant l'enfance, y compris la programmation elle-même du programme, et que là serait l'origine de la compulsion de répétition. Il est plus glorieux, sans doute, de dépendre d'un mécanisme qui commande au Cosmos tout entier.

A propos de la nature du déplaisir

Une interrogation traverse l'histoire de la philosophie quant à la priorité du plaisir ou du déplaisir. On a vu que Freud n'y avait pas échappé, lui qui avait d'abord privilégié un principe de déplaisir avant d'élire le principe de plaisir. De toute manière, ce n'est pas à propos du plaisir que Freud a été amené à poser la question de la nature de la compulsion de répétition, mais à propos du déplaisir. Comme s'il lui avait paru impossible d'admettre que la mémoire pût, dans certains cas (ceux où est répété le déplaisir), être à elle seule plus puissante qu'un principe souverain comme le principe de plaisir. L'enfant ne se fatigue jamais de répéter un jeu : « Il n'y a pas là contradiction au principe de plaisir ; il est évident que répéter, retrouver l'identité constitue en soi une source de plaisir. En revanche, chez l'analysé, il apparaît clairement que la compulsion à répéter dans le transfert les événements de l'enfance se place de *toute* façon au-dehors et au-dessus du principe de plaisir [8]. »

Dans l'hypothèse d'une pulsion de plaisir dont la source serait organique, à quel moment ferait son apparition le déplaisir comme affect, c'est-à-dire comme force ayant déjà pris place dans le psychisme ?

Sans vouloir ici développer ce point, on pourrait considérer que la *sensation* déplaisante devient *affect* de déplaisir à partir du moment où la sensation, parce qu'elle est devenue du souvenir, est intégrée au titre du souvenir dans la séquence psychique. Autrement dit, l'insatisfaction physiologique du tout jeune enfant (la faim, par exemple) éveillerait le souvenir des anciennes insatisfactions semblables qui participent déjà d'une séquence psychique potentielle « déplaisir-plaisir ». La présence actuelle de l'insatisfaction provoque l'appel au leurre du plaisir [9] par la relation précocement établie entre « sensation déplaisante » et « souvenir psychique du déplaisir ». Le déplaisir, qui est un affect, serait ainsi de l'insatisfaction devenue souvenir.

Il faut, à ce propos, souligner que, dans de telles séquences, le plaisir n'est certainement pas un phénomène continu. Certes, il leurre d'abord l'insatisfaction, mais celle-ci à nouveau grandit progressivement puisque sa cause n'est pas touchée ; si le plaisir est d'abord presque continu, lui succède, après une première phase de faible insatisfaction, une séquence discontinue du non-plaisant et du plaisant. C'est la raison sans doute pour laquelle l'appel au plaisir (archaïque) chez l'adulte ne peut se soutenir que grâce à l'apport de substances externes (alcool, drogue). Le toxicomane, dans le registre majeur, et l'hédoniste, dans un registre mineur s'efforcent tous deux de substituer la continuité du plaisir à sa discontinuité.

8. *Au-delà du principe de plaisir*, p. 79.

9. Tel adulte de la presque soixantaine se souvient en fin d'analyse, avec une exceptionnelle émotion, de l'odeur de la toile cirée protégeant les jupes de sa nourrice un jour de pluie dans un jardin public et sous laquelle il s'était réfugié à trente mois au plus tard. Certaines fois, le rapport de l'affect et de la représentation d'état sensible reste plus énigmatique : pourquoi tel autre adulte du même âge a-t-il toujours placé au centre de sa constellation d'états sensibles la couleur jaune — à nulle autre pareille dans son souvenir — d'un camion avec lequel, tout petit, il jouait ; alors qu'il est presque parvenu à la vieillesse, le rappel intérieur de ce jaune réveille un sentiment émotionnel, un affect d'une qualité qui tranche sur tout ce qu'il a pu connaître dans son existence. Comme le Citizen Kane de Welles, chacun peut-être a ainsi son « Rosebud » gravé au plus profond de lui.

L'angoisse marquerait le dépassement des possibilités proprement psychiques de maîtrise de l'excitation. L'angoisse témoigne d'un hiatus dans le système psychique. Elle est de l'énergie nerveuse à l'état pur, non liée, court-circuitant le stock de « pièges à souvenirs » qu'est dans sa majeure part le psychisme, faisant littéralement « disjoncter » l'appareil psychique. Elle oblige à changer de registre : l'affect de déplaisir redevient sensation, et sensation extrême. L'angoisse est la sensation de douleur propre à un appareil psychique forcé dans ses défenses. Si les souvenirs piégeant habituellement l'excitation ont été mis en échec dans le cas de l'angoisse, celle-ci à son tour devient, comme toute impression forte, une trace de mémoire, mais de mémoire brute de la douleur psychique. L'angoisse-comme-mémoire serait la mémoire (traumatisante) d'un état de non-souvenir psychique. L'angoisse peut, alors, à un certain seuil d'inscription mnésique, se répéter quasi d'elle-même (les « crises d'angoisse », les *panic-attacks*) à partir d'une excitation qui peut rester minime. L'angoisse est effraction, déchirure dans la psyché ; d'où sa gravité.

Le cas clinique rapporté par Freud sous le nom de « Jeu de la bobine » va nous aider à observer les relations entre le plaisir et le déplaisir. Il nous permettra également d'introduire une autre composante de la personnalité, non prise en compte par la psychanalyse, et qui apparaît lors de la seconde enfance. Il s'agit de ce que nous nommons l'Actepouvoir, qui concerne le psychisme en tant que se rapportant à l'activité volontaire et consciente du sujet ; ses développements dans l'enfance et chez l'adulte sont, pensons-nous, à l'origine de la formation d'une personnalité psychosociale, différente par nature de la personnalité psychofamiliale décrite par la psychanalyse, même si les rapports entre les deux personnalités sont étroits et intenses.

15

Pulsion d'emprise et Actepouvoir

La seconde enfance, de douze à quinze mois jusqu'à trois ans et demi, est la grande période de transition de l'être humain. En effet, il faut que l'enfant passe alors d'une première organisation psychique placée sous le signe du fantasme à une seconde organisation centrée sur l'acte. Ce passage, il doit le réussir sur pas moins de trois plans : il lui faut tenir à l'écart la première organisation psychique, et finalement la refouler (constitution de l'Inconscient « de base » à partir des fantasmes de la phase orale) ; il lui faut élaborer une nouvelle forme et un nouveau contenu pour les fantasmes de la seconde phase ; et, enfin, il lui faut faire son entrée dans le monde de la réalité des autres, emmagasiner et intégrer l'apport de la socio-culture (en particulier dans l'apprentissage du langage).

Les défaillances, sur un tel chemin, peuvent être de divers types ; elles subsisteront chez l'adulte comme autant de traces repérables des échecs subis.

Il existe un cas d'observation directe par Freud d'un très jeune enfant — dix-huit mois — qui est resté à juste titre célèbre dans la littérature psychanalytique sous le nom du « Jeu de la bobine [1] ». Plusieurs raisons motivent la célébrité de ce cas, dont le fait qu'il inaugure la troisième et dernière théorie des

1. *Au-delà du principe de plaisir*, chapitre 2.

Instincts selon laquelle la compulsion de répétition, expression d'une pulsion de mort, serait plus ancienne, plus originelle que la recherche du plaisir qui était censée jusqu'à cette date constituer le seul principe dynamique à l'œuvre dans l'appareil psychique. Cette étude de cas présente également l'intérêt d'amener à s'interroger attentivement sur le problématique de ce que Freud a nommé la « pulsion d'emprise ».

Plusieurs semaines durant, Freud observe le jeu étrange d'un petit garçon de dix-huit mois [2]. Cet enfant, généralement facile de caractère et qui ne pleurait jamais quand sa mère le quittait, avait l'habitude, en son absence, de jeter loin de lui les petits objets dont il pouvait se saisir. En même temps, il prononçait avec satisfaction un « O-o-o-o », qu'on pouvait interpréter comme un « Fort » (« parti »). Dans une certaine occasion, Freud observa un jeu plus complet avec une bobine en bois à laquelle une ficelle était attachée. L'enfant jetait la bobine par-dessus son lit et, lorsqu'elle avait disparu, prononçait son « O-o-o-o » avec le même air de satisfaction. Puis tirant la ficelle, il amenait la bobine à lui avec un joyeux « Da » (« voilà »).

La question que se pose Freud lui apparaît de toute première importance : pourquoi l'enfant joue-t-il ainsi à répéter une disparition qui figure manifestement l'absence de sa mère ? Pourquoi éprouve-t-il la nécessité, accompagnée de plaisir, *de répéter ainsi une situation foncièrement déplaisante ?* Car si le plus grand plaisir de l'enfant se situait lors de la réapparition de la bobine, c'était pourtant à jeter des objets loin de lui qu'il jouait en y prenant également satisfaction.

La première pensée de Freud est que le jeu qu'il vient de décrire est sous la commande de la « pulsion d'emprise » qu'il a décrite déjà dans les *Trois essais*, dans la *Prédisposition à la névrose obsessionnelle*, et dans la *Métapsychologie*.

Que disait-il alors, de cette pulsion ? Qu'elle était de nature non sexuelle, même si elle s'unissait secondairement à la sexualité orale, anale, ou génitale ? Que, au stade anal, la passivité est soutenue par l'érotisme anal, et l'activité par cette pulsion d'emprise. Que la musculature est son support. Et, enfin, à partir des travaux d'Abraham (1924), il distingue durant la période anale deux phases successives correspondant à la pulsion d'emprise : dans la première, les tendances destructrices

2. Il s'agit, mais Freud ne le dit pas, de son petit-fils.

pour l'objet l'emportent, alors que, dans la seconde, prédominent les tendances à conserver et à posséder. Dernier point : la pulsion d'emprise perd sa spécificité théorique avec l'introduction de la troisième théorie des Instincts ; elle devient alors l'une des formes d'expression de l'Instinct de mort, et ne vise plus qu'à l'anéantissement de l'objet.

Revenons au Jeu de la bobine. S'il est commandé par une pulsion d'emprise, peu importe alors que le souvenir répété soit plaisant ou déplaisant. Le plaisir, ici, tient à la maîtrise de la situation par l'enfant : « Ce n'est pas ma mère qui me quitte, c'est moi qui ne veut plus d'elle. »

La lecture de la fin du chapitre d'*Au-delà le principe de plaisir* dans lequel est décrit le Jeu de la bobine laisse une curieuse impression. On a comme le sentiment que Freud souhaiterait introduire pour expliquer la répétition dans le jeu une autre cause que la mise en jeu seule d'une pulsion d'emprise ou même que l'agressivité. Et pourtant les exemples qu'il donne ne lui permettent pas d'amener encore cette « autre cause ». Celle-ci, introduite dans le chapitre suivant, sera, bien sûr, la compulsion de répétition, expression de l'Instinct de mort, et qui vise le retour à un état antérieur. Il faudra encore, dans l'essai, un certain nombre de pages avant que Freud revienne au jeu des enfants, avec, là encore, une ambiguïté persistante puisque la cause de la répétition est, écrit-il, « qu'il [l'enfant] acquiert par son activité une maîtrise bien plus radicale de l'impression forte qu'il ne le pouvait en se bornant à l'éprouver passivement ».

Nous sommes, là, apparemment assez éloigné du motif pour lequel Freud a été amené à créer le concept de compulsion de répétition comme force originelle, antérieure au principe de plaisir. Ce motif, d'ordre clinique, est que, dans la cure, les patients manifestent la tendance à répéter sans fin — en particulier dans le transfert — les événements désagréables de leur enfance. D'où provient cette tendance à la répétition du déplaisant, plus puissante donc que le principe de plaisir, et que tout praticien, aussi bien du temps de Freud qu'aujourd'hui, est à même de constater quotidiennement ? Pour répondre à une telle question, Freud se livre d'abord, nous l'avons déjà dit, à un développement concernant, il est intéressant de le noter, la mémoire, avant d'en venir finalement à l'hypothèse de l'Instinct de mort.

Revenons au Jeu de la bobine.

Le cas décrit par Freud apparaît exceptionnellement intéressant, dans la mesure où deux types de conflits, tous deux intrapsychiques — le conflit « névrotique » et un conflit plus général, inévitable, anthropologique —, s'y trouvent, peut-on penser, figurés.

Parlons tout d'abord du conflit « névrotique », plus simple à considérer. Il oppose l'investissement *actuel* de la pulsion de plaisir (pulsion d'emprise et, nous allons en parler dans un instant, Actepouvoir) et le déplaisir dû aux absences répétées et longues de la mère. L'aspect compulsif du jeu, sa tonalité rigidement répétitive nous paraissent témoigner d'une quasi-égalité de force entre le plaisir et le déplaisir. Le déplaisir n'est pas causé seulement par l'absence actuelle de la mère, mais il est lié à la mémoire de l'ensemble des absences passées dont l'inscription est réveillée et rendue active par l'absence actuelle. La mémoire du déplaisir contraint à répéter le déplaisir inscrit dans la mémoire. La « force de plaisir » nouvelle, liée à la mise en œuvre de la pulsion d'emprise et de l'actepouvoir, ne parvient pas à faire céder l'automatisme en œuvre d'une mémoire visant à répéter tel quel ce qui fut, et qui est ici le déplaisir. Le présent du plaisir en œuvre ne parvient pas à triompher du déplaisir passé.

Le conflit anthropologique ? Nous sommes ici à cet âge de la vie de l'enfant où une deuxième organisation psychique, succédant à l'organisation orale, archaïque, commence à émerger. Au moment où l'image de la mère perd sa toute-puissance pour devenir « phallique », c'est-à-dire porteuse, certes, du pouvoir de la présence et de l'absence, mais d'un pouvoir sur le monde qui reste cependant inscrit à l'intérieur de certaines limites, puisque le héros du Jeu de la bobine ne craint pas de se mesurer à lui. Le fantasme qui sous-tend le jeu est manifestement porté par la pulsion d'emprise. Pulsion d'emprise : l'enfant se rend maître de la situation *en prenant fantasmatiquement à la mère le pouvoir qu'elle a de disparaître, puis de réapparaître*. Il s'agit là d'une captation du trait maternel peut-être le plus important pour l'enfant à cette période. La mère qui, dans la première organisation psychique, était vécue comme une partie de lui, non séparable, fusionnée, devient ici indépendante, séparable, *sécable* ; elle disparaît exactement de la même manière qu'une partie de son propre corps quotidiennement se sépare et disparaît, lors de la défécation, pour réapparaître à la défécation suivante. Séparation d'avec la mère, séparation d'avec les fèces : un redoublement opère, dans lequel mère et fèces sont fantasmatiquement interchangeables sur la base du trait qu'elles possèdent en commun de se séparer du sujet et de disparaître ainsi momentanément sans que celui-ci pour autant disparaisse lui-même. La phase anale pourrait, mieux, se nommer *phase de l'apprentissage de la séparation* (la « bobine » ici est un successeur de l'« objet transitionnel »).

Avec la mise en jeu de la pulsion d'emprise, il se produit ainsi une *élaboration* fantasmatique, fondamentale à considérer. Il faut noter à ce propos que tout un pan de la réalité psycho-affective de l'enfant du Jeu de la bobine n'est pas évoqué par Freud : celui qui concerne non la séparation d'avec la mère, mais sa présence, son amour. C'est parce que la mère manifeste son amour à l'enfant quand, la plupart du temps, elle est présente, que celui-ci ne devient pas un abandonnique accablé, mais qu'il reste capable de mettre en œuvre la pulsion de plaisir. C'est-à-dire qu'il garde la capacité d'investir en plaisir aussi bien les fantasmes nouveaux d'appropriation de la puissance maternelle que sa propre activité musculaire ou que l'apprentissage de la gestualité, du langage, du contrôle sphinctérien.

Une pulsion d'emprise, donc, à l'œuvre aussi bien dans la gestualité et dans le contrôle sphinctérien que dans l'apprentissage de la marche et du langage.

Mais, aussi, un deuxième aspect des choses paraît avoir échappé complètement à Freud, comme aux psychanalystes qui viendront après lui. Ou, plutôt, ce deuxième aspect des choses n'appartenant pas au champ psychanalytique, Freud l'y amalgame indûment.

Je veux dire que la *pulsion d'emprise n'intéresse que le versant fantasmatique du développement psychologique de l'enfant* : la transformation de l'image maternelle intériorisée, la captation fantasmatique de la puissance de cette image, le contrôle de la perte d'amour maternel...

Parallèlement à la mise en œuvre de la pulsion d'emprise, une partie du plaisir de la pulsion de plaisir vient investir *l'apprentissage de l'action* sur la réalité non plus intérieure, mais *extérieure*. Le Jeu de la bobine correspond, d'un côté, à l'élaboration d'un fantasme dans lequel, la bobine figurant la mère ainsi que l'interprète Freud, l'enfant prend puissance sur cette mère imaginaire. Mais, par un autre côté qui n'a rien à voir avec le précédent, le Jeu de la bobine représente également une activité véritable dans la réalité extérieure ; une activité qui met en jeu la psychomotricité, le langage et la maîtrise d'un objet extérieur réel. D'une certaine manière ce jeu peut être considéré comme la matrice de tous les apprentissages ultérieurs, le prototype des conduites et des comportements à venir. L'enfant de ce jeu dispose d'un vrai pouvoir, d'un pouvoir objectif, à la fois sur son acte et par cet acte ; et il éprouve du plaisir à la mise en rapport, efficace, de son acte avec le monde extérieur. *Il ne s'agit plus ici de la mise en œuvre de la pulsion d'emprise, mais de l'exercice de ce que l'on peut nommer l'actepouvoir.* Ici commence l'être humain complet, avec sa double composante : fantasmatique et active, subjective et objective, fantastique et réaliste.

La constitution de la deuxième organisation psychique apparaît alors comme le produit d'une maturation psychologique du sujet *sur deux plans* : le plan fantasmatique et le plan de l'acte. Seul le premier plan est du domaine de la psychanalyse.

Autrement dit, pour le même acte — ici, le Jeu de la bobine — deux niveaux, deux plans, deux structures sont à étudier, tous deux de caractère psychologique et tous deux fondateurs de l'identité du sujet. Le plan de l'activité, de l'Actepouvoir individuel, n'est pas plus d'ordre animal que le plan fantasmatique : il est spécifiquement humain faisant intervenir, pour sa mise en œuvre et pour ses développements, l'intériorisation des structures humaines du langage, de la gestualité, du jeu...

L'objet de la psychanalyse, c'est le fantasme, et non l'activité. Au cours de la phase dite anale, et qui est celle de la constitution de la deuxième organisation psychique, trois possibilités fantasmatiques existent. Dans les meilleurs des cas, la pulsion de plaisir va investir le jeu de captation-échange avec une nouvelle image maternelle (phallique), et ce jeu sera vécu par l'enfant comme étant sous son contrôle et sa maîtrise ; dans le plus mauvais des cas, la force persistante de l'image maternelle orale toute-puissante de la phase précédente empêchera l'élaboration nouvelle de l'image maternelle et le refoulement de l'image ancienne : le contrôle de la situation continuera (subjectivement) d'appartenir à l'image maternelle ; dans d'autres cas, enfin, la pulsion de plaisir investira non pas l'échange mais la rétention : la triade des traits du caractère anal (ordre, économie, entêtement) aura pour fonction de s'opposer fantasmatiquement à la séparation, de nier l'absence de la mère.

Dans la perspective que nous présentons ici, et qui différencie pulsion d'emprise et Actepouvoir, le point notable concerne l'existence d'une dimension psychologique qui échappe, de droit et de fait, à la psychanalyse. Même si, bien entendu, une interrelation est vouée forcément à s'établir entre personnalité psychofamiliale et personnalité psychosociale. La personnalité psychosociale concerne la socialisation proprement dite de l'enfant, les jeux collectifs, les rapports entre pairs et leur rôle dans le développement psychologique. Plus largement encore, elle intéresse également le rapport tout personnel et direct que le sujet établit avec le monde extérieur à partir de la mise en œuvre du pouvoir individuel de ses actes. Quand l'enfant, voulant accomplir un acte, affirme un : « Moi tout seul », il signifie ainsi que la pulsion de plaisir a commencé à investir l'activité volontaire et consciente.

Dans la société patriarcale, telle que nous la connaissons, la formation de la personnalité psychosociale de l'enfant reste en grande partie barrée.

L'éducation traditionnelle consiste en effet à convaincre l'enfant que ses actes et leurs effets — son « faire » d'enfant — appartiennent légitimement à ses parents, aux « grands ». Tout se passe pour l'enfant comme si son droit de propriété sur ce « faire » lui était enlevé au nom d'une légitimité supérieure en droit, et qui est l'Autorité.

Les parents étant, pour l'enfant, ses créateurs, étant les créateurs, il s'ensuit par extension que toute création de l'enfant leur appartiendrait légitimement. D'où *un clivage premier et fondamental entre acte et pouvoir de l'acte*, clivage par lequel de nombreuses dérives ultérieures trouvent leur origine [3].

En un mot, il devient légitime, concernant l'acte du sujet, que le pouvoir produit par ses actes soit exercé par d'autres que par lui. Tel serait le principe fondateur de l'Autorité qui, si l'on suit

3. Cf. *La crise est politique, la politique est en crise* (1985), Première Partie : « Pouvoir sacré et pouvoir profane ».

la chaîne des générations sur l'arbre généalogique de l'espèce humaine, conduit jusqu'au créateur premier d'où toute légitimité et toute Autorité procèdent : Dieu, Dieu en personne, le Dieu des religions surnaturelles ou laïques.

En scotomisant absolument la dimension de l'Actepouvoir, la psychanalyse, sans nul doute, contribue à renforcer la dimension de l'Autorité.

16

Le complexe d'Œdipe : une « crise d'identité sexuée »

L'importance du complexe d'Œdipe dans la théorie freudienne est due à ce que, avec lui, « culmine la sexualité infantile ». A ce titre, il apparaît comme le « complexe nucléaire des névroses » (Freud), tous les échecs des étapes qui l'ont précédé y exerçant leurs effets.

Au stade phallique où il se manifeste, vers l'âge de quatre ans, il n'est pas seulement ainsi le témoin du passé : il programme également l'avenir, la formule œdipienne strictement personnelle à chaque enfant prédétermine la vie sexuelle et affective du futur adulte.

Enfin, son repérage, l'approfondissement de chacune de ses facettes, ses interprétations successives tout au long de la cure sont au centre même du travail analytique. En effet, la triangulation du complexe d'Œdipe situant le sujet par rapport à l'ensemble de ses images parentales le conduit à revivre avec intensité sur le divan, et de manière forcément conflictuelle, ses fantasmes les plus personnels.

Après avoir rappelé les positions de Freud à propos du complexe d'Œdipe, nous les discuterons ; puis nous proposerons certaines pistes d'approche, certaines hypothèses qui pourraient permettre de rendre compte des *variations* socio-culturelles et historiques du complexe d'Œdipe, et en particulier de celles qui sont apparues depuis l'époque de Freud.

Les positions de Freud à propos du complexe d'Œdipe

Sur l'importance du complexe d'Œdipe, Freud est toujours resté catégorique : « Je me permets de penser qui si la psychanalyse n'avait à son actif que la seule découverte du complexe d'Œdipe, cela suffirait à la faire ranger parmi les précieuses découvertes nouvelles du genre humain [1] » (1938).

Pourtant, il est à remarquer que, malgré la situation centrale de ce thème dans la théorie, Freud n'en a pas donné d'exposé d'ensemble ; le seul article qui lui soit directement consacré ne comporte que six pages [2]. De plus, Freud était conscient du caractère insatisfaisant de certaines de ses interprétations concernant le complexe d'Œdipe puisque très tardivement, en 1924, à l'âge de soixante-huit ans, il écrivait dans cet article : « Mais cela ne met pourtant pas fin à ce problème ; il y a place pour une spéculation théorique qui peut renverser les résultats auxquels nous sommes parvenus ou les placer sous un nouvel éclairage [3]. »

Rappelons que la forme complète du complexe d'Œdipe associe, dans des proportions différentes pour chaque individu, une composante « positive » (désir sexuel pour le parent de sexe opposé, désir de mort pour le parent de même sexe) et une composante « négative » (amour pour le parent de même sexe, haine envers le parent de sexe opposé). L'action combinée des deux composantes est nécessaire pour « dépasser » le complexe. Chez le garçon, par exemple, si l'angoisse de la castration par le père (effet de la première composante) serait à l'origine de la renonciation au désir sexuel pour la mère, l'identification au père, qui est la « solution » du drame œdipien, se trouve liée à l'effet de la composante négative.

Freud fait jouer un rôle important à la perception, à cet âge, de la différence anatomique des sexes. Mais, ici encore, et peut-être surtout ici, les deux postulats de « sa » biologie interviennent pour fonder organiquement et anthropologiquement le complexe d'Œdipe au-delà de la simple histoire individuelle : « Bien que la majorité des êtres humains traversent le complexe d'Œdipe comme une expérience

1. *Abrégé*, p. 65.
2. *La dissolution du complexe d'Œdipe*, Std. Ed., 19, p. 173 179.
3. *Ibid.*, p. 174.

individuelle, c'est pourtant un phénomène qui est déterminé et conduit par l'hérédité [...]. Il y a place pour la perspective ontogénétique côte à côte avec la perspective phylogénétique qui va plus loin [4]. » Rappelons également, que dans *Moïse et le monothéisme*, Freud avait déclaré « ne pouvoir se passer » de l'hypothèse des souvenirs héréditaires. « Une fois admis que pour le moment nous n'avons pas de témoignage plus fort de la présence des souvenirs de l'héritage archaïque que la nécessité d'en appeler à la phylogenèse pour expliquer le phénomène résiduel (non explicable autrement) du travail analytique, un tel témoignage nous paraît pourtant assez fort pour postuler que tel est le cas. Sinon, nous n'avancerons pas d'un seul pas sur le chemin où nous nous sommes engagé, soit dans l'analyse, soit dans la psychologie de groupe [5]. » Plus précisément, « le comportement des enfants névrosés envers leurs parents dans le complexe d'Œdipe et de castration abonde en réactions qui paraissent injustifiées ramenées au seul cas individuel et que seule la phylogenèse rend compréhensible — par la connexion avec l'expérience des générations précédentes ». « Je n'ai pas d'hésitation à déclarer que l'humanité a toujours connu (de cette manière particulière) qu'elle avait jadis possédé un père primitif et qu'elle l'avait tué. »

L'autre postulat de la « biologie freudienne » intervient également, puisque pour Freud ce serait une poussée sexuelle génitale *physiologique* qui expliquerait la survenue du complexe à cet âge. Après quoi, cette poussée s'éteindrait, avant de reparaître au moment de la puberté : une telle sexualité génitale évoluant en deux phases séparées par une période de latence serait spécifique de l'espèce humaine.

Par ailleurs, certains points demeurent quelque peu énigmatiques dans l'interprétation freudienne. Quelle est la marque exacte des pulsions partielles dans le complexe d'Œdipe ? En effet, si avec celui-ci « culmine la sexualité infantile », c'est pourtant la seule sexualité phallique qui occupe la scène. Le deuxième point concerne l'image quelque peu « aseptisée » de la mère dans le complexe d'Œdipe : on ne retrouve plus rien chez la mère œdipienne des images de la mère toute-puissante de la phase archaïque (orale) ou de la mère

---

4. *Moïse et le monothéisme* (1939), Std. Ed., 23, p. 100.
5. *Ibid.*, p. 99 et 101.

exigeante du stade dit anal. Et pourquoi, à propos de la mère, n'avoir pas poussé la symétrie jusqu'à son terme ; c'est-à-dire pourquoi, dans la forme « négative », n'avoir pas posé le matricide comme le pendant du parricide de la forme « positive » ? On retrouve ici l'effet bloquant de la thèse phylogénétique : aux origines de l'humanité, les hommes ont tué le Père, non la Mère. Quelle serait, alors, en ce cas, la signification de cette composante indissociable du mythe œdipien qu'est la Sphinge, et que signifie la mise à mort de celle-ci ? La Sphinge, cet étrange personnage à la fois animal et être humain, à la fois homme (c'est du Sphinx que l'on parle habituellement), mais dont la poitrine est celle d'une femme.

Quelques pistes nouvelles d'approche

Une fois soustraits les deux impossibles postulats de la « biologie freudienne », la réalité du fait n'en demeure pas moins. A savoir que, à un âge variable entre trois et six ans, chaque enfant traverse une problématique psycho-affective incontestablement sexuelle qui est vécue très intensément par lui et qui réapparaîtra sur le divan chez l'adulte pendant l'analyse. En particulier, chaque garçon connaît à cet âge une angoisse de castration, la crainte de perdre ses organes génitaux et de devenir semblable aux filles, à propos desquelles il pense — ce point est quasi constamment retrouvé dans les psychothérapies d'enfants — qu'elles en ont été privées par l'effet d'une punition.

La prise en compte de plusieurs facteurs, les uns individuels, d'autres organiques, les derniers, d'ordre socio-culturel, certains déjà énoncés par Freud et d'autres non, paraît pouvoir permettre d'expliquer la crise de l'Œdipe et son caractère sexuel sans recourir à l'impossible « biologie freudienne ».

Le complexe d'Œdipe serait alors à concevoir comme une « crise d'identité sexuée », intéressant certes la sexualité, mais au seul niveau psychologique, sans intervention aucune d'une sexualité physiologique, absente dans les examens biochimiques et endocrinologiques.

La vraie formule du complexe d'Œdipe correspondrait à la question que tout enfant a à se poser : « Qui suis-je sexuellement ? Semblable sexuellement à ma mère ou bien à mon père ? Destiné à trouver ma complémentarité et mon plaisir avec ma mère ou avec mon père[6] ? »

On peut penser qu'un tel problème d'identité sexuée apparaît inéluctablement chez tous les enfants au moment où deux ordres de réalité se recoupent (et quelquefois se télescopent) : la réalité psychique des *identifications* successives de l'enfant à ses deux parents (la bisexualité humaine est d'ordre purement psychique, contrairement à ce que croyait Freud, et elle est due aux identifications aux *deux* parents) et la réalité perçue de l'existence de *deux sexes* anatomiquement dissemblables, à laquelle vient s'ajouter une autre réalité, elle aussi perçue par l'enfant (et largement sous-estimée par Freud), celle des effets de la division sociale des sexes (le sexe « faible » et le sexe « fort »).

Selon son sexe anatomique ; selon la force particulière avec laquelle il s'est identifié à telle ou telle des images successives des parents au cours des phases précédentes ; selon la nature des relations telles qu'il a pu les observer au sein du couple parental (nature des relations induite tant par la socio-culture ambiante que par l'équation psychologique personnelle des parents) — chaque enfant est conduit, entre trois et six ans, à élire dans sa tête un sexe psychique privilégié. Ce sexe psychique est le plus souvent en accord avec le sexe anatomique ; il est dans certains cas en désaccord avec lui (homosexualité, transsexualisme) malgré le guidage induit par l'anatomie et en dépit de la pression de la société qui, même aujourd'hui, reste considérable.

On peut ainsi aisément concevoir que le choix psychique du sexe restera d'autant plus ouvert pour l'enfant que l'éducation aura été donnée à l'intérieur d'une famille (identification individuelle aux deux parents), que l'individualisation culturelle des parents sera forte (leur permettant éventuellement de manifester leur bisexualité psychique) et que l'enfant aura reçu des informations nombreuses et contradictoires (et par là non conditionnantes). A l'inverse, le choix psychique du sexe sera d'autant plus conforme aux normes sociales que l'éducation

---

6. Une telle conception permet, en particulier, de concilier les deux théories freudiennes successives : celle du traumatisme sexuel par un agent extérieur et celle d'un désir sexuel propre à l'enfant. Ici, le traumatisme n'est pas lié à une séduction sexuelle par un adulte, mais à l'impossibilité pour l'enfant d'accorder des identifications à deux parents différemment sexués et l'unisexe anatomique.

aura été collective (par le groupe des femmes, puis par le groupe des hommes), que les normes sociales seront strictes et rigidement intériorisées par les adultes, que le conditionnement culturel des enfants sera massif (peu d'informations, et allant toutes dans le même sens normatif), que l'imposition sociale du statut sexué sera spectaculaire et impressionnante (rites d'initiation pour les garçons), et que les choix individuels non conformes de l'adolescent et de l'adulte feront l'objet d'interdits stricts.

Le sexe psychique avec lequel l'enfant « sort » du complexe d'Œdipe se trouve, de manière générale, définitivement inscrit en lui. Il est donc exact que la sexualité humaine obéit à une évolution diphasique, comme l'avait observé Freud. Mais la première phase — celle du complexe d'Œdipe — correspond à la programmation, à la détermination psychiques du sexe ; et la seconde phase, celle de la puberté, voit le choix de l'objet sexuel, de purement psychique qu'il était jusque-là (en particulier dans les rêves et les fantasmes de la période dite de latence), devenir fait accompli lorsque la poussée endocrinienne pubertaire développe un besoin sexuel physiologique cherchant sa satisfaction. A partir de ce moment où la satisfaction est connue sur un certain mode, la mémoire du plaisir effectivement connu rend plus contraignante encore la détermination sexuelle. Ajoutons que les bouleversements endocriniens et morphologiques de la puberté, le changement de statut social qui lui est lié, l'investissement nouveau de l'autre comme objet sexuel provoquent une crise d'identité (la « crise d'adolescence ») avec laquelle l'ancienne crise œdipienne de l'enfance se réveille.

La perspective que nous venons de développer permet probablement de rendre compte de ce que l'on peut nommer l'« algèbre » œdipienne ou la « formule chimique » œdipienne de chaque individu, et qui concerne son sentiment d'identité sexuelle. Mais le caractère aigu, angoissant, de la traversée œdipienne, sa charge affective intense, sa réalité toujours conflictuelle obligent à prendre en compte encore d'autres facteurs, qui appartiennent à deux registres.

Le premier de ces registres a trait, chez le garçon, à ce que l'on nomme l'angoisse de castration, retrouvée constamment chez l'enfant et, en raison de la régression, sous des formes plus ou moins détournées également chez l'adulte sur le divan.

Les menaces de la part d'un adulte envers le jeune enfant qui recherche un plaisir d'organe génital — menaces du type, par exemple, de celles que rapporte, le concernant, Gide dans *Si le grain ne meurt* — sont devenues bien exceptionnelles. A son époque, Freud était, du reste, déjà conscient du caractère aléatoire de cette menace. Son interprétation de l'angoisse de castration reposait sur la transmission phylogénétique de l'ancienne crainte envers le Père primitif monopolisant le commerce sexuel avec les femmes de la horde et menaçant de châtrer les fils qui oseraient transgresser l'interdit. Cette crainte héréditaire, d'une autre nature que la culpabilité elle aussi héréditaire liée au meurtre, jadis, de ce Père, se verrait alors actualisée chez chaque enfant par la perception de l'absence de pénis chez les filles, absence attribuée à une castration effectivement réalisée comme punition.

Dans cette perspective, la seule issue pour le garçon consiste à adopter envers le père une attitude passive et dominée, celle-là même que la mère a adoptée. Et, dans la conception freudienne, c'est, en effet, la forme « négative » et homosexuelle de l'Œdipe et elle seule (le père objet d'amour et la mère vécue comme rivale) qui permet au garçon de s'identifier au père. Comme si le dynamisme phallique du père pouvait alors se transmettre passivement au fils sur la base de leur commune identité sexuelle anatomique. Soumis au père, comme la mère l'était, le fils trouvera plus tard sa récompense avec une femme elle-même soumise à lui, et qui ne sera pas la mère. La phase de latence s'engage sous le risque d'une double renonciation (à la mère et au plaisir génital) et d'un espoir reporté vers l'avenir : le statut social et marital masculin de domination sur les femmes.

Il convient de dire que, aujourd'hui, pour un nombre important de psychanalystes, l'angoisse de castration est interprétée, très différemment, comme la peur d'un talion exercé par le père en raison des désirs actuels du garçon de s'emparer de sa puissance, laquelle est symbolisée par son pénis [7]. Or, s'il est fait mention constamment dans les écrits freudiens de la peur

7. Nous avons décrit cette révolution silencieuse à l'intérieur de la cure dans *La Crise de générations, loc. cit.*

d'une castration par le père, il n'est, à l'inverse, *jamais* parlé d'un désir de châtrer ce père. On peut penser que l'interprétation freudienne de l'angoisse de castration exprimait une certaine position féminine de son auteur, liée à une très forte identification à la mère. On peut considérer, de manière très différente que ne le pensait Freud, que le dépassement du complexe d'Œdipe chez le garçon repose sur une identification non pas passive mais *active* au père sur la base de l'introjection de ce dernier comme « bon objet » ; une telle « captation » inévitablement vécue dans le fantasme comme agressive et castratrice ouvre, alors, dans une véritable réaction en chaîne, à une escalade des fantasmes agressifs et angoissés, qui se clôt par le fantasme de meurtre du père. Nul besoin, dans une telle perspective, de rechercher l'origine de l'angoisse de castration dans une crainte héréditairement transmise.

Le second facteur responsable de la charge affective intense du complexe d'Œdipe est que cette « crise d'identité sexuée » remet effectivement en jeu l'ensemble des processus et des identifications qui l'ont précédée.

Dans la seconde partie de la phase orale, lorsque la mère avait commencé d'être réellement perçue comme la pourvoyeuse des besoins et des plaisirs, l'identification de l'enfant s'était faite à elle, sur un même mode semblable dans les deux sexes. Une identification primaire, globale, à l'image d'une mère vécue comme toute-puissante pour le meilleur et pour le pire [8].

A la phase suivante, appelée anale par Freud, l'identification à la mère s'était faite sur la base de l'intériorisation d'une image phallique de la mère. Elle possédait certes le pouvoir d'être absente ou présente ; mais, nous l'avons vu, l'exercice de la pulsion d'emprise par l'enfant permettait à celui-ci de limiter fantasmatiquement ce pouvoir et de s'en emparer à sa manière.

Au cours de la phase suivante, phallique, contemporaine du complexe d'Œdipe, le phallus, c'est-à-dire la puissance, change de possesseur, et passe de la mère au père. La puissance phallique s'incarne maintenant dans le pénis paternel. D'où le désir pour le garçon, sur la base de la possession d'un pénis anatomique, de capter cette puissance phallique paternelle à laquelle il attribue le pouvoir sur les êtres et sur les choses.

---

8. Cf. pour une approche complète de ce problème, B. MARBEAU-CLAIRENS, *Le sexe de la mère et les divergences des théories psychanalytiques* (1987).

Au cours du complexe d'Œdipe, c'est l'ensemble des fantasmes d'identification aux images parentales qui se trouve ainsi remis en question. On conçoit alors facilement que de fortes fixations à l'une des étapes pré-œdipiennes viendront surcharger l'image œdipienne de la mère ou du père des fantasmes correspondant à cette étape. Cette fixation peut s'être effectuée de deux manières : ou bien lorsque le plaisir éprouvé lors de cette étape a été extrêmement fort ; ou bien, à l'inverse, lorsque le déplaisir a été excessif. Dans chacun de ces cas, l'image parentale — en général maternelle — est évidemment dissemblable, puisque liée tantôt au plaisir et tantôt au déplaisir. Mais la compulsion de répétition s'exerce dans les deux cas avec la même force pour projeter dans le présent ces images du passé et pour appeler à provoquer sans cesse des situations actuelles où le vécu de ces époques puisse se retrouver.

Si l'on ajoute à ces processus le fait que le refoulement primaire reste toujours incomplet, et bien davantage incomplet lorsque les fixations « orales » sont importantes, on voit que, en effet, avec le complexe d'Œdipe, c'est le bilan général des fonctionnements et des dysfonctionnements psycho-affectifs de l'enfant qui est dressé, un bilan où figurent aussi bien les profits que les pertes. Le complexe d'Œdipe est bien le « complexe nucléaire des névroses » dont parlait Freud, car c'est à ce moment que les solutions névrotiques aux dysfonctionnements pré-œdipiens prennent leurs formes, d'abord de manière discrète pendant la période de latence puis avec éclat ensuite, au moment de la crise pubertaire.

Pour rendre compte du complexe d'Œdipe dans sa totalité, il faut ajouter à cette description un élément de nature différente, mais aussi fondamental à considérer, qui est l'élément socio-culturel.

En effet, si, à la phase phallique, le pénis est valorisé à ce point qu'il devient l'unique organe sexuel (la fille est marquée d'un « moins » : elle ne possède pas de sexe à elle, elle est définie comme celle qui n'a pas de pénis), l'origine d'une telle valorisation est, pour nous, à rechercher, non dans la phylogenèse ou dans une pseudo-nature humaine, mais bien dans la culture et dans l'histoire.

Dans la perspective phylogénétique de Freud, cette valorisation du pénis se voyait attribuée à une supériorité incontestable et générique de l'image paternelle. N'était-ce pas, en effet, à propos du personnage paternel que s'était joué le grand drame préhistorique qui avait donné naissance à l'humanité et que décrit *Totem et tabou* ? L'image vectrice de la culture — de la culture qui différencie l'être humain de l'animal — était donc celle du Père. Il devenait alors logique que le signe extérieur différenciant l'homme de la femme — le pénis — se trouve hautement valorisé au point que Freud pouvait écrire : « L'anatomie, c'est le destin. »

Qu'une telle conception de l'homme et de la femme fût issue directement de la culture qui était celle de l'époque de Freud, une courte citation d'une lettre de celui-ci à sa future épouse le montre de manière assez saisissante : « Le destin de la femme doit rester ce qu'il est : dans sa jeunese, celui d'une délicieuse et adorable chose ; dans l'âge mûr, celui d'une épouse aimée. L'envie de réussir chez la femme est une névrose, le résultat d'un complexe de castration dont elle ne sortira que par une complète acceptation de son destin passif. »

Le rapport entre les sexes, conçu comme un fait de nature par Freud, apparaît ainsi tout entier idéologique dans la théorie psychanalytique. Comme y est également de nature idéologique la conception du père.

En effet, l'incontestable valorisation du pénis et du père chez les enfants des deux sexes au stade phallique apparaît liée chez l'enfant à la perception des effets de l'inégalité sociale entre les sexes. Dans la société patriarcale traditionnelle qui était celle de Freud, l'enfant ne pouvait que constater une inégalité de statut et de destin dont la citation de la lettre de Freud donne rétrospectivement l'image.

Ce n'est pas ici le lieu de montrer comment une telle image du Père s'est mise en place au cours de l'histoire, au quadruple niveau social, religieux, familial et psychologique[9]. Nous avons essayé de montrer dans plusieurs livres comment on assistait à l'époque actuelle à un relatif déclin d'une telle image paternelle. Rappelons brièvement l'hypothèse que nous avions formulée et qui nous semble éclairante. Selon cette hypothèse, tout paraît s'être passé comme si, dans les sociétés patriarcales, les éléments psychologiques caractérisant la première phase

9. C'est là le fil rouge qui court de *La Révolte contre le Père* (1968) à *On est toujours l'enfant de son siècle* (1986). Le principe d'Autorité paternelle est à situer dans une relation complémentaire et dialectique avec l'Actepouvoir.

archaïque, orale, du développement de l'enfant, avaient été attribués à la femme, et les éléments de la seconde phase à l'homme.

Éléments psychologique de la première phase, correspondant à la « psyché-fantasme » : l'illimité, le total (le « tout ou rien »), la toute-puissance magique, l'irrationnel, l'arbitraire...

Éléments de la seconde phase : ceux de la « psyché-acte ». L'acte, qui doit tenir compte de la réalité extérieure, des lois de la causalité, de la rationalité ; l'acte qui donne un pouvoir non plus total, mais limité sur le réel, et qui oblige à la coopération...

Le code de la culture patriarcale veut que la première phase archaïque soit toujours connotée d'un signe féminin. Rappelons-nous les premières pages de *La Sorcière* dans lesquelles Michelet résume admirablement la thèse qu'il va combattre : « Nature les a fait sorcières. C'est le génie propre à la femme et à son tempérament. Elle naît Fée. Par le retour régulier de l'exaltation, elle est Sybille. Par l'amour, elle est Magicienne. Par sa finesse, sa malice (souvent fantasque et bienfaisante), elle est Sorcière [...]. »

Ainsi, par ce codage féminin de l'Archaïsme, complété par l'exclusion sociale des femmes et par le statut d'inégalité de la femme dans la famille, un verrou « anti-archaïsme » protégeait le garçon — le seul être qui compte dans la société patriarcale — contre le risque en lui, intrapsychiquement, d'un retour en force de l'Archaïsme, risque toujours présent en raison du caractère incomplet du refoulement primaire.

Le Père, tel que son image, survalorisée et inflationniste, se présente avantageusement dans les sociétés patriarcales, aussi bien dans les religions du Père, que dans la théorie freudienne (le *Vatercomplexe*), est non pas un fait de nature mais bien le lieu géométrique où se recoupent tous les éléments de l'inégalité entre les sexes, une inégalité d'origine sociale, culturelle, historique [10].

Une inégalité qui reste encore bien présente, même si elle a diminué. Et, en rapport avec tout ce que nous venons d'écrire, il nous a toujours paru indispensable d'introduire une variante

10. Cf. *La Chasse structurale* (1977), Cinquième Partie : « L'activité symbolique ou la lutte des sexes », et *Quand plus rien ne va de soi* (1979), Première Partie : « La fin du paradis mâle », où ces thèmes se trouvent développés.

dans les cures que nous avons conduites. En effet, après que les différentes manières par lesquelles s'exprime l'envie du pénis chez la femme se seront exprimées — et seulement après —, il nous paraît nécessaire que la patiente puisse bénéficier à tout le moins d'une neutralité bienveillante lorsque lui reviennent à l'esprit tous les souvenirs de son enfance dans lesquels les garçons ont pu se trouver favorisés par rapport à elle et aux filles, ou dans lesquels le père a pu être valorisé socialement par rapport à la mère : le sexe « faible » et le sexe « fort ». Le pénis n'est « envié » qu'en raison des privilèges familiaux et sociaux que sa possession comporte. En l'absence d'une analyse de ce « second niveau » de l'envie du pénis, la patiente ne pourra sortir de la cure qu'avec le sentiment d'une inégalité intransgressible car voulue par la nature (une mythique supériorité naturelle des hommes) et non pas imposée par la société et par la culture et donc modifiable. Dans le premier cas, il ne lui reste plus qu'à courber la tête en méditant les fortes paroles freudiennes selon lesquelles « l'envie de réussir chez une femme est une névrose [...] dont elle ne sortira que par une complète acceptation de son destin passif ».

Mais, si le verrou « anti-archaïsme » que représentait une telle image du Père a en partie sauté, se trouve alors posé aujourd'hui le problème de savoir quelles solutions nouvelles pourraient être apportées à la place de la solution patriarcale traditionnelle. La faille — que le verrou autrefois barrait — existe en effet toujours pareillement au cœur même du psychisme humain, une faille à travers laquelle s'exerce la puissante force d'attraction de l'Archaïsme et de l'irrationnel.

Comment en somme, éviter que la Sphinge dévoratrice l'emporte ? La question qu'elle posait à Œdipe en route vers Thèbes est toujours actuelle : « Quel est l'être qui marche tantôt à deux pattes, tantôt à trois, tantôt à quatre ? » Autrement dit (interprétons) : « Quel est le secret du grandissement ? Comment passer de la relation duelle mortifère à la relation triangulaire ? Si tu l'emportes sur moi — qui suis en toi l'image que tu t'es formée de la Mère archaïque —, si tu dépasses la relation duelle, tu vivras, autonome et relativement libre ; sinon — en vraie Mère orale que je suis — je te dévorerai. »

Car c'est cela aussi le complexe d'Œdipe, avec l'un de ses risques majeurs quand, à l'âge phallique, l'enfant n'est pas vraiment sorti hors de la sphère psychique de l'oralité. L'agressivité envers le père mais qui ne peut aboutir, la confusion des images parentales intérieures, la violence archaïque des fantasmes le laisseront alors seul avec l'image non pas de la mère œdipienne (et encore moins avec celle d'un père œdipien), mais de la mère archaïque.

Bref, la sortie de l'Œdipe *par la voie du Père* est la solution que forçaient à prendre les sociétés patriarcales. Cette « voie du Père » devient de moins en moins praticable pour tout un ensemble de raisons qui tiennent aux transformations de la société et de la culture et qui touchent, en particulier, aux rapports entre les sexes et au statut respectif de chacun d'eux. Là réside sans doute la cause majeure du changement dans les structures psychiques des patients, tel qu'on peut l'observer aujourd'hui en analyse. La conception freudienne d'une nature humaine dans laquelle l'image du Père, le *Vatercomplexe*, est inscrite dans les chromosomes depuis le meurtre du Père primitif interdit bien évidemment de comprendre en théorie un tel changement. Par le fait même de nier que le changement puisse exister, la psychanalyse est condamnée à adopter et à défendre, en tous domaines, des positions conservatrices et rigidement normatives. La « restauration du Père »... pourquoi pas, alors, celle du roi ? En effet, dans une telle conception du monde, ce qui était, comme on dit, « bon pour nos pères » continue et continuera de l'être en tous temps et en tous lieux.

Avant de rechercher si d'autres approches ne seraient pas possibles, nous souhaiterions nous interroger un moment sur le concept le plus controversé que Freud ait introduit : celui d'Instinct de mort.

17

A propos de l'Instinct de mort

« "Le détachement n'est pas une conquête du sage, se dit-il. C'est la première infirmité de la vieillesse, inclination naturelle et pernicieuse." Il se sentait atteint par l'indifférence comme d'un froid mortel qui attaque le centre de l'être, tarit la vie avec la source du sentiment. »

Le Chant du bienheureux, J. CHARDONNE.

« Il faut prendre un parti, si nous voulons passer le reste de notre vie d'une façon allègre et n'être pas vieux avant le temps. »

La Chartreuse de Parme, STENDHAL.

L'Instinct de mort a fait l'objet d'oppositions de fond entre les psychanalystes, depuis qu'il a été introduit dans la théorie en 1920, Freud faisant alors siennes les thèses de Sabina Spielrein et les développant à sa manière.

On « croit » ou on ne « croit pas » à l'Instinct de mort. Le terme utilisé, celui de « croyance », montre qu'il s'agit là, à propos de l'Instinct de mort, de bien autre chose que de l'échange d'arguments rationnels. On pourrait sans doute reconnaître dans les dissensions qui se manifestent à propos de ce thème comme la cristallisation à l'intérieur de la théorie psychanalytique du vieux combat entre idéalisme philosophique et matérialisme.

Quant à l'intérêt théorique général du concept d'Instinct de mort, on est forcé de constater le peu de modifications apportées par la dernière théorie des Instincts à la conception générale des névroses. Par ailleurs, aux arguments proprement cliniques développés par Freud se voient opposées par les « non-croyants » des interprétations différentes et généralement plus proches du terrain où se situe le travail du psychanalyste.

La haine et l'agressivité, le masochisme incoercible de certains névrosés, le sentiment de culpabilité inconscient, la réaction thérapeutique négative : il n'est pas de psychanalyste qui n'ait été amené à les rencontrer, à les affronter (ce qui ne signifie pas qu'il soit toujours parvenu à en triompher). Mais, aussi, il est bien rare qu'il n'ait pu ramener ces tendances, lorsqu'elles prenaient une intensité particulière, aux vicissitudes individuelles de l'enfance du patient, à des traumatismes psychologiques personnels.

Nous pourrions développer ici des cas cliniques montrant combien certaines mères « aimantes » ou plutôt sans doute exagérément demanderesses d'amour, étouffantes, peuvent, dès la phase orale puis dans le cours de la phase anale, empêcher en partie la formation du Moi.

Il n'est pas, en effet, que le déplaisir précoce qui puisse être traumatique. Tout aussi toxique paraît être le plaisir quand il est trop intensément apporté de l'extérieur et d'une manière trop systématique qui ne laisse pas à la frustration le temps d'être élaborée ni à la vie psychique l'opportunité de développer des capacités propres de plaisir temporisateur. La mère « violatrice » s'introduit alors comme par effraction à l'intérieur de l'« espace transitionnel » cher à Winnicott et à l'intérieur duquel l'enfant doit pouvoir préserver et développer ses capacités fantasmatiques.

Un patient nous décrivait en ces termes ce qu'il ressentait à voir sa mère s'occuper devant lui de petits enfants très jeunes : « C'était comme une absorption gourmande par elle de ce qu'elle avait entre les mains ; ils étaient embrassés et caressés avec une sorte de voracité, jusqu'à oublier le refus de l'enfant... Cela me rappelle combien elle était exigeante quant à l'affection qu'il fallait lui donner, selon son gré... J'ai toujours eu du mal à quitter la *chaleur* que développait cet embrassement par elle... Quand d'une manière ou de l'autre, et en particulier par l'alcool, je ne retrouve pas l'équivalent de cette chaleur, j'éprouve un *vide* insupportable à vivre... Je fume alors cigarette sur cigarette, l'absorption des cigarettes temporise un instant le vide... Pour me sentir vivre en dehors de ce sentiment de vide, il faut que je reçoive des excitations de l'extérieur en permanence... Chez moi, seul, je ne suis motivé par rien... Quand, déjà, j'étais grand et devenu adolescent, ma mère tenait constamment à faire à ma place ce que j'étais très capable de faire... » On retrouve à propos de ces affects de « chaleur » et de « vide » ce que nous décrivions dans un chapitre précédent sous le nom de « représentations d'états sensibles » : en effet, ici des représentations sont jointes à ces affects et qui concernent à la fois les fantasmes maternels et le vécu le plus profond du sujet.

Nul besoin de l'appel à un instinct de mort pour comprendre le conflit intense qui, dans de tels cas, se développe entre un Moi rempli de haine envers un monde extérieur qui l'a ainsi dépossédé de ses prérogatives, qui l'a empêché de se différencier, de se délimiter, de s'autonomiser. Par ailleurs, dans le même temps, le Moi se voit contraint pour survivre de lutter contre la force qui le tire vers elle, de l'intérieur, à partir de la fixation à des formes de plaisir archaïques extrêmement intenses et qui réclament d'être satisfaites sur le même mode. Comment parvenir à désinvestir suffisamment ces plaisirs archaïques en les remplaçant par des plaisirs plus élaborés et moins destructeurs pour le Moi, alors que le sujet, identifiant inconsciemment le monde extérieur à la mère, reporte sur ce monde extérieur une ambivalence foncière qui le paralyse : il le hait et à la fois il en attend d'impossibles satisfactions archaïques, la « chaleur » d'un embrassement total. Tout se passe comme si le « gros billet » des plaisirs premiers n'avait jamais pu être fractionné en la monnaie des plaisirs ultérieurs. Ici, le travail psychanalytique ne peut pas, à lui seul, suffire, et l'analyste doit se montrer extrêmement vigilant quant à un investissement progressif par le patient de plaisirs nouveaux, et plus différenciés dans sa rencontre avec le monde extérieur. Le point de vue « économique » (la répartition des investissements) est toujours, chez de tels patients, un élément primordial à prendre en compte.

La frustration du Moi par l'objet — que ce soit dans le sens que l'objet l'empêche de se constituer, ou bien dans le sens que l'objet n'accorde pas suffisamment satisfaction à ses besoins ou à ses exigences en plaisir, en affect, en amour —, une telle frustration du Moi paraît pouvoir suffire, en clinique, à rendre compte de l'agressivité ; laquelle, d'ailleurs, dans le premier ou le second de ces cas, revêtira des formes fantasmatiques ou empruntera des formes agies très différentes.

Ainsi, le travail clinique ne réclame pas absolument, pour être compris, le recours au concept d'Instinct de mort. Par ailleurs, un tel recours présenterait un danger non négligeable, dans la mesure où il risque de susciter chez l'analyste une renonciation accablée devant l'idée que, par exemple, tel patient serait constitutionnellement porteur d'une quantité exceptionnellement élevée d'Instinct de mort.

Ces dernières années, les positions d'un certain nombre de psychanalystes « intégristes » paraissent s'être assouplies [1].

A l'inverse, il peut sembler à certains « opposants » (dont je suis) que, dans les diverses constructions théoriques possibles en psychanalyse et qui ne font pas appel au concept d'Instinct de mort (celle présentée dans ce livre est l'une d'entre elles), la clinique, telle qu'elle se présente dans la réalité quotidienne du travail psychanalytique, est incomplètement interprétée. Comme s'il persistait un « résidu » énigmatique dont il ne serait pas rendu compte et qui, d'une certaine manière, correspondrait au contenu de l'Instinct de mort freudien. Qu'est-ce à dire ?

La mémoire contraignante, et en particulier celle qui reste non consciente, peut rendre compte de la compulsion de répétition. Nous venons de voir à l'instant ce qu'il en est pour l'agressivité. La sexualisation secondaire de la pulsion d'emprise peut expliquer le sadisme. Les analyses subtiles du masochisme dans la *Métapsychologie* (1915, donc avant l'entrée en scène de l'Instinct de mort) restent convaincantes. Pourtant, à eux seuls, les concepts psychanalytiques si l'on en soustrait l'Instinct de mort ne paraissent pas suffire, dans leur ensemble, pour comprendre l'un des singuliers paradoxes qui habitent le cœur humain.

En effet, en tout être humain, parallèlement à l'intérêt pour les « affaires de ce monde », quelles qu'elles soient, il existe de manière qui paraît non contestable, et même si elle est plus ou moins forte selon les individus, comme une aspiration allant en sens contraire, une aspiration nostalgique — mais la nostalgie

1. *Sur l'instinct de mort*, ouvrage collectif (PUF).

d'un retour vers quoi ? — et qui pourrait presque sembler de nature métaphysique tant elle trouve peu à s'appuyer sur ce qui existe dans la réalité extérieure. Une aspiration qui vise au dépouillement, au renoncement, au retrait, au désinvestissement ; une aspiration qui, à l'extrême, tendrait à la déliaison, à l'arrachement de tous les liens existants. A en croire cette aspiration, à suivre la pente de son inclination, on ne pourrait être ou devenir vraiment soi-même qu'en s'arrachant aux liens contractés avec le monde. Rompre les attaches, larguer les amarres, se retrouver seul, vivre sur son seul fond : et, alors, foncièrement, fondamentalement, royalement, serait enfin retrouvée, recouvrée, sa vérité à soi, la vérité profonde dont nous distrairait le jeu du monde, la quotidienne comédie humaine. Pour accéder à la liberté, il conviendrait de se déliter des superflus ; une part de soi, la plus intime, la plus profonde, la seule vraie, se dégagerait alors parce qu'elle serait parvenue ainsi à échapper à la noria des désirs. Mourir au monde pour naître à la vraie vie, se dépouiller de l'enveloppe des apparences pour parvenir au cœur de sa propre substance...

Il s'agit là de bien davantage que de l'impression fugitive d'un instant ou que d'une simple fatigue momentanée. On peut estimer consubstantielle à l'être humain (à partir de quelle époque ?) la tentation selon laquelle une autosuffisance solitaire permettrait seule d'atteindre à une vérité ultime sur soi-même. Les diverses théories du narcissisme peinent à rendre compte d'une telle tendance, qu'on retrouve très souvent à l'arrière-plan des vies les plus réussies ou les mieux remplies. Être seul, ou davantage seul, pour se trouver, ou mieux : pour se retrouver. Ni l'explication par la seule passivité ou par la dépression ni les profondes réflexions de Winnicott sur « la capacité d'être seul » n'épuisent ici la réflexion.

N'est-ce pas à une telle tentation — il faudrait sans doute dire : à un tel tropisme — que cèdent, ou ont cédé l'ermite en sa solitude, le moine retiré dans sa cellule, le sage bouddhiste ? Pourtant les formes de réalisation ne sont pas exclusivement religieuses. On connaît également le détachement du sage ou du philosophe, le « faire retraite » du mondain, la « tour d'ivoire » du poète, le dépouillement ascétique si marqué, par exemple, dans la culture espagnole... C'est Stevenson, c'est Gauguin s'évadant vers les lointains du Pacifique, c'est Rimbaud s'échappant de lui-même, changeant d'orbite...

L'existence d'un tel tropisme en l'être humain paraît d'autant plus étrange et d'autant moins explicable que toute l'expérience habituelle de la psychologie humaine semble s'opposer à lui.

Ce que montre, en effet, l'expérience du travail psychologique avec nos semblables est que, sans doute, la plus grande misère psychologique, la plus forte douleur morale sont celles qui sont causées par la solitude, avec l'angoisse particulière qui lui est liée. Désinvestir la réalité extérieure, se retrancher d'elle, se refuser aux divertissements pascaliens qui lui sont propres, c'est courir tout droit à l'ennui qui est à la fois le vrai péché contre la vie et le plus sûr moyen, s'il se prolonge, d'entrer dans un processus de dégradation continu conduisant lentement à la mort psychique. Chacun d'entre nous a connu ou connaît autour de lui des hommes et des femmes qui, retirés de la vie, réduits, par force le plus souvent, à eux-mêmes, claquemurés dans leur Moi, ne sont guère plus que des morts-vivants qui auraient seulement conservé quelques automatismes et la capacité de souffrir.

Ce que, de plus, montre en clair l'expérience la plus commune, et la plus évidente, c'est que l'individu ne parvient à se réaliser qu'au travers des attachements affectifs et professionnels. Que serait celui qui n'aurait jamais aimé, jamais agi, jamais bataillé ? Bref, pour réaliser son Moi, il faut, dans la mesure la plus large, sortir de soi, s'excentrer.

Deux tropismes ainsi s'opposeraient, deux mouvements tirant chacun en sens contraire. L'un, assez inexplicable, conduirait à désinvestir le monde extérieur et à rentrer en soi ; l'autre pousserait à investir hors de soi, à sortir de soi. Au retrait, au renoncement, s'opposeraient l'expansion, la croissance. Ascétisme contre baroquisme. Il est exact, aussi, que ces deux mouvements peuvent, et c'est probablement l'occurrence la plus fréquente, s'associer l'un à l'autre : croître, c'est forcément se limiter à une croissance dans certaines directions et non dans toutes ; par là, c'est renoncer à l'ensemble des possibilités qui jusque-là paraissaient ouvertes. Renonciation et expansion, appauvrissement et épanouissement se retrouvent ici comme des mouvements non pas exclusifs l'un de l'autre, mais complémentaires.

L'explication avancée par Freud avec la dernière théorie des Instincts a, sans nul doute, l'avantage de rendre compte très facilement de l'existence de tels tropismes opposés. Pour Freud, au stade initial de l'être humain, Éros a charge de neutraliser l'Instinct de Mort au sein d'un Moi-Ça encore indifférencié. Puis une partie de l'Instinct de mort se tourne vers l'extérieur : « Cette diversion semble indispensable à la conservation de l'individu et c'est le système musculaire qui s'y emploie [...] Refréner son agressivité est en général malsain et pathogène. On observe souvent la transformation d'une agressivité entravée en autodestruction [...] Une fraction d'autodestruction demeure en tout cas à l'intérieur de l'individu jusqu'au moment où elle réussit enfin à le tuer [2]. » Autrement dit, la condition de la non-mort est la sortie hors de soi des forces de vie et de mort intriquées.

L'Instinct de mort, pour Freud, s'exprime psychiquement de trois manières, comme dans les trois branches d'un trident. Première branche : le principe de plaisir sous sa forme nirvânique qui tendrait au degré zéro des tensions, ou même peut-être, d'une manière plus générale, le principe de plaisir dans toutes ses formes (« le principe de plaisir semble être en fait au service des pulsions de mort [3] »). Deuxième branche : l'agressivité. Troisième branche : l'automatisme de répétition dont la visée ultime serait le retour de tout ce qui est organique à l'état premier anorganique. Voyons, alors, ce qu'il en est de ce trident par rapport au « tropisme de retrait » dont nous parlions.

Le Nirvâna ? Apparemment, le mouvement de retrait que nous décrivions est censé mener le sujet vers les conditions réalisées de la pure méditation, vers la maigreur d'un soi profond dépouillé de toutes les boursouflures, vers une architecture intérieure dégraissée jusqu'à l'ossature même de l'âme.

Mais ne s'agit-il pas là, avec ces images, de faux-semblants visant à masquer ce qui autrement serait insupportable car trop vertigineusement angoissant — le vide ? Sous l'apparence de croire viser à l'épanouissement de la conscience libre, ce vers quoi tendrait véritablement et à son insu le sujet ne serait-ce pas,

2. *Abrégé*, p. 10.
3. *Au-delà du principe de plaisir*, p. 114.

tout au contraire, la non-conscience, le non-être ? L'attirance pour ce vide, expression de l'Instinct de mort, se trouverait en ce cas déguisée, cachée, par la mise en scène de son exact contraire : le projet de la plénitude de l'être. Autrement dit, le « tropisme de retrait » dont nous parlions plus haut reçoit, avec l'explication par l'Instinct de mort, une interprétation qui fait de lui une manière déguisée, et déguisée en son contraire par des rationalisations défensives, de retourner au non-être originel.

L'agressivité ? Il n'est guère, non plus, contestable que le « tropisme de retrait » n'est pas sans manifester quelque ressemblance intime avec la dépressivité. Laquelle est à considérer comme une agressivité retournée contre soi, faute de points d'accrochage suffisants dans des luttes à l'extérieur de soi.

L'automatisme de répétition ? La vraie question paraît être celle de savoir ce qui se trouverait alors répété dans l'inclination à se détacher, dans l'aspiration au retrait et au repliement. La mort serait-elle la finalité ultime d'un tel mouvement, comme pourrait l'indiquer l'expression utilisée plus haut de « non-être » ? Ou bien n'est-il pas une autre explication possible, qui ne fasse pas appel au mystérieux Instinct de mort ? Lequel — même « décosmologisé » et ramené à de plus modestes proportions — aurait quand même à dire ses origines, des origines forcément organiques et que la biologie n'est certes pas disposée à reconnaître.

Il peut, alors, paraître, curieux qu'une plus grande importance n'ait pas été accordée par Freud à un type d'expérience qui joue un si grand rôle dans notre existence, au point de se répéter quotidiennement et d'occuper le tiers de notre temps.

C'est du sommeil, bien évidemment, qu'il est ici question. Du sommeil qui est à ce point du passé à nouveau présent, du souvenir sans cesse répété, un besoin-désir sans cesse expérimenté, un plaisir profond quotidiennement retrouvé, qu'il est gravé comme une empreinte ineffaçable dans nos cellules cérébrales au double titre du besoin et du désir.

L'esprit humain a toujours amalgamé mort et sommeil. Toute perte de conscience se voit assimilée à la mort, fût-ce la partielle et transitoire éclipse de conscience de l'orgasme, cette « petite mort ». Au Dormir-mourir d'Hamlet répond Hugo lorsqu'il écrit, dans *Les Misérables* : « Le bord de la mort qui est le sommeil » ou encore : « Nous n'avons que le choix du noir. » Pourtant, malgré cet amalgame rien moins qu'effrayant, c'est chaque soir avec une volupté certaine que nous cédons au tropisme de l'endormissement et du sommeil.

Pourtant ce ne sont pas les pistes en ce sens, mais jamais développées, qui manquent dans les écrits freudiens. L'une des plus significatives est sans doute la piste ouverte dans l'*Abrégé* : « Nous sommes donc en droit de soutenir qu'un instinct qui pousse l'être à revenir à la vie intra-utérine, se crée à la naissance, un instinct de sommeil. Le sommeil, en effet, est un retour au sein maternel[4]. » Ce n'est pas notre objet ici de confronter cette thèse freudienne de l'origine du sommeil avec les conceptions neurophysiologiques modernes[5]. Ce qui nous intéresse est la conception, explicitement formulée dans la suite du texte de Freud, selon laquelle il existerait un véritable « désir de dormir » (et non pas seulement un besoin physiologique) ; mais, curieusement, il n'est pas fait mention d'un plaisir lié à l'accomplissement de ce désir.

On pourrait alors, développant la thèse freudienne, considérer que, si le rêve, cette réalisation de désir, est bien le « gardien du sommeil », l'acte psychique de rêver ne se réalise que devant la montée de désirs de nature différente — du Ça ou bien du Moi — qui cherchent à se substituer à l'accomplissement du désir de dormir qu'est le *plaisir du sommeil.*

Autrement dit, et c'est là où nous voulions en venir, le sommeil ne serait pas seulement une activité physiologique, l'expression d'un besoin ; il serait également un acte psychique, la réalisation d'un désir spécifique : celui de retrouver le plaisir de dormir. Et ce désir serait tout à fait fondamental, compte tenu de la force et de la fréquence du besoin sur lequel il s'est étayé. Ce désir, le plus primitif peut-être de tous, se trouverait lié à une *pulsion de sommeil* comportant des représentations (des « représentations d'états sensibles ») et un affect, tous deux particuliers. Le fantasme d'un retour à la mère, qu'évoque

4. *Abrégé*, p. 29-30.
5. Cf. en particulier A. Bourguignon, « Neurophysiologie du rêve et théorie psychanalytique », *Psychiatrie de l'enfant*, XI, 1, 1968, p. 1-69.

Freud (le « retour au sein maternel »), se serait lié, mais plus tardivement, à cette pulsion de sommeil.

Le point qui nous paraît important est que, comme c'est assez constamment le cas dans la problématique du besoin et du désir, le désir proprement pulsionnel et psychique peut s'être dissocié du besoin physiologique de sommeil. Le « tropisme de retrait » que nous évoquions plus haut représenterait l'expression rationalisée, dans la vie diurne et consciente, du *désir* de dormir.

A la mythologie d'un conflit rythmé entre les Instincts de vie et de mort, il conviendrait alors de substituer le conflit, lui aussi binaire et rythmé, entre une pulsion d'éveil et de veille et une pulsion de sommeil.

Au tropisme de l'éveil psychique avec son appétit d'activité, sa soif d'action, son désir — excentré par rapport au Moi — d'expansion, d'échange, d'investissements dans le monde extérieur, s'opposerait le tropisme contraire de la rentrée en soi, du retrait, du désintérêt, du détachement. L'amour de la vie se verrait contré par le plaisir à dormir. Le plaisir aurait investi, de manière certes inégale selon les individus, les deux pulsions, la progrédiente, visant à l'expansion du Moi, et la régrédiente, visant au retrait du Moi de ses investissements.

La « régrédience », ici, n'est sans doute qu'une autre manière de nommer la *régression*, ce maître mot de l'expérience psychanalytique. Le dispositif de l'analyse produit la régression qui, seule, rend possible la cure. La position allongée, le silence, la demi-obscurité favorisent un état dont on a pu dire, ainsi que nous l'avons déjà rappelé, qu'il était une « hypnose au ralenti », et qui est aussi, d'une certaine manière, un pas de fait vers le sommeil. Il arrive, d'ailleurs, que de temps à autre un analysant s'endorme. Toute régression psychique ne serait-elle pas à mettre en rapport avec ce « tropisme du détachement », lui-même n'étant, dans cette perspective, comme nous venons de le voir, que l'investissement en plaisir du besoin de sommeil ? Un plaisir qui se serait détaché de la simple satisfaction physiologique pour suivre son propre destin psychique.

Toute régression correspondrait ainsi à la manière dont le plaisir et le déplaisir se sont développés en s'étayant sur un besoin biologique, celui du sommeil. Un besoin de sommeil qui n'est lui-même peut-être — c'est là, bien entendu, une spéculation — que la marque laissée en tout animal qui serait passé par l'état végétatif de la gestation intra-utérine. Le fantasme inconscient d'un retour au corps maternel dans le sommeil s'appuierait alors sur une réalité qu'il exprimerait intuitivement.

La conclusion ultime de *L'Interprétation des rêves* était que l'on rêvait afin de pouvoir continuer de dormir : le rêve comme « gardien du sommeil ». Peut-être pourrait-on dire alors que, à l'inverse, pour ne pas céder au fondamental *désir du plaisir de dormir*, sur le divan on parle pour ne pas s'endormir.

Pourquoi demander à ce *space opera* planétaire, qu'est la cosmogonie des deux Instincts, des explications ultimes qui gagneraient à être recherchées au plus près de l'univers humain et animal ?

Par exemple, l'appel en nous du « sentiment océanique » dont parlait Romain Rolland et dont Freud se gaussait en le ramenant à l'« océan » des quelques centimètres cubes du liquide amniotique serait, pourrait être, lui aussi, à rapprocher du tropisme d'un désir du plaisir de dormir...

Sommeil, archaïsme psychique (devenant ultérieurement l'Inconscient refoulé), univers psychique de l'acte et de la conscience représenteraient ainsi les trois grandes étapes du développement de notre système nerveux central, chacune des étapes ayant été définitivement gravée en nous. Étant entendu que l'archaïsme psychique serait, par son importance dans notre espèce, tout autant une particularité de l'être humain que la conscience. Le sommeil comme répétition de la gestation intra-utérine, l'archaïsme comme répétition de la gestation extra-utérine qui complète l'intra-utérine dans notre espèce du fait de notre prématuration biologique à la naissance...

Sous le Moi conscient et actif (actif d'une manière spécifiquement humaine, c'est-à-dire dans un type particulier de coopération structurale[6]), l'Archaïsme. Sous l'Archaïsme, le sommeil. Dans cette perspective, la pulsion de plaisir à laquelle nous avons fait jouer un si grand rôle tout au long de ce livre aurait investi en plaisir le sommeil, investissement qui, au plan psychique, se retrouverait dans un fondamental *désir du plaisir de dormir*. Sous des masques divers (qui sont autant de pièges) et quelles que puissent être les rationalisations développées, le désir du plaisir de dormir, bien loin de mener à un degré supérieur de conscience de soi — d'une conscience

6. *La Chasse structurale*, 1977.

enfin dégagée du bruit et de la fureur de la vie —, tendrait en fait toujours à ramener à l'inconscience originelle du nourrisson ou du fœtus. Lâcher ses investissements extérieurs avec l'alibi de « rentrer en soi », se désintéresser du monde avec celui de se détacher des « contingences », mènerait ainsi, à l'insu du sujet, à l'endormissement de l'esprit, au non-être, à la mort psychique.

D'une certaine manière, on pourrait dire que la vie humaine se réduit assez banalement à une navigation difficile entre la toxicomanie et l'intoxication. *Toxicomanie* de la mémoire contraignante : plus nous investissons le monde extérieur et ses êtres, et davantage la force de l'habitude nous contraint à répéter inexorablement les mêmes conduites — nous devenons ainsi les toxicomanes de nos habitudes. *Intoxication* : lorsque nous n'investissons pas à l'extérieur, l'« énergie » non utilisée et en excès devient source d'un sentiment d'ennui, puis d'une montée d'angoisse, par un effet de stase ; et la non-stimulation par le monde extérieur, l'absence des excitations qui lui sont propres accroît la force mortifère du désir du plaisir de dormir. Un roi sans divertissement, c'est déjà un homme presque mort. Mais, aussi, nous ne vivons qu'en nous aliénant ; une aliénation non seulement parce que, par les identifications nécessaires, nous deviendrions autre, comme nous l'enseigne la psychanalyse, mais également à cause d'un assujettissement inarrachable aux autres, d'une assuétude à la présence humaine de l'autre quel qu'il soit. L'autre et sa forme humaine nous est, dans sa présence, presque aussi vitalement nécessaire que l'air que nous respirons. L'Enfer, bien loin, selon la formule célèbre, d'être les autres, est l'absence vécue des autres. A moins de poser le Paradis comme étant fait d'un sommeil définitif.

18

Il n'est pas de « nature humaine »

« L'exotisme qui est l'esthétique du Divers. »
Victor SEGALEN.

Il n'est pas de nature humaine à jamais fixée.

A l'aide de trois exemples pris dans la société Dogon, celte, occidentale actuelle, je voudrais montrer le comment de la *fabrication* (et quel autre mot ?) de personnalités différentes par des sociétés et des cultures elles aussi différentes. Afin que les particularités apparaissent mieux, ces sociétés seront comparées à la société occidentale traditionnelle : celle qui, pour l'essentiel, existait encore dans nos pays à la fin du XIXe siècle et au début du XXe, époque qui fut celle où Freud vécut et travailla [1].

Examinons, d'abord, l'objection la plus commune des tenants d'une « nature humaine » universelle, c'est-à-dire qui serait toujours semblable à elle-même dans le temps et dans l'espace. L'homme, affirment-ils, a toujours connu, et il connaîtra toujours les mêmes types de désirs sexuels, de peurs au combat, de haines, de rivalités, de jalousies. Et, en effet, pour l'homme considéré à ce niveau de généralités, l'affirmation apparaît très peu contestable.

1. Nous avons développé les « portraits » de telles personnalités dans différents livres, et en particulier dans *Anthropologie différentielle* (1972), *54 millions d'individus sans appartenance* (1983), *On est toujours l'enfant de son siècle* (1986), ainsi que dans la préface à l'ouvrage collectif publié sous la direction du Dr Philippe CARRER, *L'Enfant breton et ses images parentales* (1987).

On remarquera pourtant que les mêmes termes, les mêmes mots peuvent s'appliquer indifféremment à un grand nombre d'espèces animales et ne définissent rien là qui soit spécifiquement humain : les chats, les chiens (pour prendre des animaux mêlés à la vie quotidienne de l'homme) connaissent, eux aussi, les désirs sexuels, la peur, la haine, la rivalité, la jalousie. C'est à propos d'éléments plus différenciés, plus nuancés, qu'il faudra rechercher et évaluer les possibles différences significatives à l'intérieur de l'espèce humaine. Celles qui font que, entre un Dogon, un Celte de l'époque classique, un Occidental traditionnel (et entre ce dernier et un jeune Français d'aujourd'hui), la différence psychologique est peut-être aussi notable — du moins la question se pose-t-elle — que celle existant entre l'espèce-chien et l'espèce-chat.

Ce qui nous abuserait à propos des différences psychologiques interhumaines est l'universalité du langage et des conduites symboliques qui, dans notre espèce, tout autant que la constitution physique, crée l'unité générique. Je n'ai pas dit que certaines cultures seraient plus humaines et d'autres moins ou pas du tout, j'ai seulement parlé de différences qui seraient significatives ; quand Freud a en tête l'idée de « nature humaine », c'est à la possibilité que de telles différences puissent exister qu'il s'oppose — et avec lui la très grande majorité des psychanalystes d'aujourd'hui.

Présentons les choses d'une autre manière. S'il n'y a pour un chat qu'un seul modèle universel du « comment vivre » ou, si l'on peut dire, du « sens de la vie », il existe pour notre espèce autant de modèles de base que de civilisations, avec leurs valeurs propres et le sens que chacune d'elles donne à la vie humaine. Un trait caractéristique de notre époque en Occident serait du reste que, pour certains aspects, un tel modèle de base n'existât plus tout à fait. Pour ce qui est ainsi laissé en blanc par rapport à ce qui existait dans les autres civilisations, laissé en blanc car détruit et non remplacé, l'individu doit par lui-même s'en débrouiller, s'il le peut. Le Dogon, le Celte de l'époque classique, l'Européen de la fin du XIXe siècle pouvaient dire, obéissant à la tradition qui les habitait et qui les entourait : « C'est ainsi qu'il faut vivre, et pas autrement. Car la vie humaine a ce sens, et pas un autre. » Lesquels d'entre nous oseraient aujourd'hui affirmer leurs choix de vie personnels avec la même conviction d'universalité ? Alors que, en eux et autour d'eux, presque tout a fait l'objet de remises en cause : les relations entre les sexes, le mariage (devenu largement facultatif), la procréation (devenue volontaire), l'éducation des enfants, la relation à l'Autorité, les attentes par rapport au travail, les appartenances collectives traditionnelles, la religion (à présent conçue par les croyants très souvent sans Au-Delà), la signification à donner à la vie humaine dans un monde où (au su et au vu de tous maintenant avec la télévision) des millions d'enfants en bas âge meurent de faim chaque année à côté de sociétés de consommation pratiquant la « Grande Bouffe ». Il ne peut y avoir d'universalité du modèle quand, à l'intérieur de la même société, chaque individu doit trouver par lui-même (s'il le peut) le sens à donner à sa vie et à sa mort, un sens autrefois fourni « clefs en main » et une fois pour toutes. Combien, alors, apparaît réconfortante, rassurante, satisfaisante pour le narcissisme, l'idée que nous posséderions (et chacun de nous, en entier) une « nature humaine » qui défie le temps. La parcelle d'humanité que chacun représente, la voilà qui devient ainsi, telle la grenouille de la fable, l'humanité en son entier, l'humanité, tout entière, passée, présente, future !

Le petit garçon Dogon vit jusqu'à l'âge de trois à quatre ans de manière nourrissonesque avec sa mère — ou plutôt avec ses mères, puisqu'il peut assez indifféremment être porté ou nourri par plusieurs femmes[2]. Durant cette longue période, qui correspond à un élargissement dans le temps de la période proprement orale ou archaïque, il continue d'être nourri au sein et « à la demande » ; il est porté en permanence contre le dos de sa mère, partageant ainsi de manière diffuse et globale le rythme de ses mouvements. Peu de frustrations ; et, même, peu de tensions, car dans ce contact rythmé avec la mère s'opère une décharge quasi permanente de la tension qui ne laisse pas celle-ci s'accumuler ; peu de nécessité non plus, donc, d'un refoulement. Une bonne observatrice qui avait visité l'immense marché en plein air de Kinsasha au Zaïre m'avait rapporté avec un étonnement admiratif que sur les milliers de très jeunes

2. PARIN et MORGENTHALER, *op. cit.*, 13 entretiens psychanalytiques avec les Dogons.

enfants, présents là contre leurs mères assises devant les étals, aucun ne pleurait : « Le pays, dit-elle, où les bébés ne pleurent pas. »

L'apprentissage sphinctérien est tardif, marqué par le « laisser-faire » dans l'éducation à la propreté.

Comment se termine cette première phase « archaïque » dont nous avons parlé précédemment comme étant celle de la constitution d'une « psyché-fantasme » ? Elle prend fin très abruptement, vers quatre ans, de manière brutale. Le jeune enfant est contraint de quitter sa mère et le groupe des femmes pour aller vivre avec le groupe des camarades de même sexe et du même âge, groupe de compagnons avec lequel il va partager maintenant et jusqu'à sa mort toutes les grandes étapes de l'existence, du sevrage à l'initiation, de l'âge adulte à la vieillesse. Désormais, ce sera avec eux qu'il passera l'essentiel de son temps.

Les conséquences d'un sevrage aussi brutal, qui représente un vrai traumatisme psychique, sont doubles. D'une part, la mère, les mères, les femmes seront désormais vécues comme des êtres séducteurs, trompeurs, inquiétants par nature. Une cristallisation de toutes les expériences antérieures de déplaisir (il en a forcément existé) s'opère, qui est dirigée vers elles : le déplaisir, c'est les femmes. Par ailleurs, l'immense somme d'expériences du plaisir déjà mémorisée se voit massivement déplacée et reportée vers le « groupe d'âge » avec lequel l'enfant vit à présent : c'est avec ce groupe qu'il connaîtra maintenant l'essentiel de ses plaisirs au sein d'un véritable « Moi de groupe » remplaçant la mère perdue. Telle est la manière Dogon de vivre collectivement l'apprentissage de l'Acte dans la deuxième étape de l'enfance, une manière qui assure la définitive solidarité tribale.

Le complexe d'Œdipe se vit sur une plus grande période de temps qu'en Occident ; ses modalités sont particulières, son dénouement est différent, tardif. Les cérémonies des rites d'initiation ont pour sens d'assurer l'identité psychique masculine définitive du garçon, non par une identification individuelle au père familial mais grâce à une identification collective du « groupe d'âge » des garçons au groupe des hommes adultes. On peut estimer que se forme ainsi non pas une véritable imago paternelle inconsciente, mais plutôt des images de modèles masculins ; l'initiation — séparant radicalement le monde masculin du monde féminin qui est exclu des cérémonies — met non le « père » mais la structure sociale tout entière en tiers entre la mère et son fils.

On saisit ainsi sur le vif ce que nous avons décrit dans les chapitres précédents comme une manipulation par la société de la différence anatomique des sexes afin d'apporter une solution au problème qui lui est posé par le développement de l'enfant en deux étapes : celle de l'Archaïsme (« psyché-fantasme ») et celle de l'Acte. La logique archaïque est, rappelons-le, celle, devant la frustration, de la recherche d'un tout-plaisir qui ne prend pas en compte la réalité extérieure et les modalités de satisfaction du besoin ; elle est parfaitement irrationnelle, anti-réelle, développant des fantasmes qui, évalués à l'aune de la réalité, sont démesurés, illimités, ne tenant compte que de l'arbitraire du désir, totalitaires en un mot. Une telle logique est bien évidemment destructrice de tout ordre social.

Dans la société Dogon, et de par cette attribution sexuée, le garçon, l'homme se trouvent pour l'essentiel séparés des mères, des femmes, d'abord par le sevrage brutal (d'où, on l'a vu, une image désormais dangereuse des femmes et qui ne pousse pas à se rapprocher d'elles), puis par la vie sociale menée entre mâles seuls dès l'âge de quatre ans et d'où les femmes sont exclues à vie, et enfin par les rites d'initiation auxquels succède une ritualisation défensive du rapprochement sexuel avec les femmes. Cet éloignement d'avec les femmes éloigne l'archaïsme des hommes, — des hommes qui ont en charge l'ordre social.

Si l'on résumait les caractères du « produit psychique » auquel aboutit la « fabrication » Dogon, on obtiendrait : un très fort hédonisme primaire (d'où une confiance fondamentale en la vie et qui permet en particulier de tolérer le traumatisme collectif du sevrage), peu d'intériorisation psychique, un mode de résolution des tensions psychiques par une décharge corporelle presque permanente (gestualité rythmique) qui s'accroît encore en cas de menace de conflit, peu de culpabilité, peu de possessivité « anale », aucune rétention ni surtention psychique, une agressivité acceptée, ni angoisse ni formations réactionnelles, peu d'investissement en profondeur des personnes individuelles, une très forte homosexualité sublimée soudant le groupe ; la plupart des fonctions défensives du Moi, intrapsychiques dans notre culture judéo-chrétienne, sont maintenues chez le Dogon à l'extérieur du psychisme par une institutionnalisation complexe et très codifiée des pratiques sociales.

Pour l'essentiel, le « mode de production » traditionnel de la personnalité en Occident est tout différent. La première phase orale-archaïque est beaucoup plus courte, avec de plus fortes frustrations et surtout sans la décharge subcontinue corporelle, rythmique, des tensions : l'enfant est langé dans le berceau, il ne se trouve pas au contact permanent d'une mère dont le mouvement obéit au rythme culturel inscrit profondément en elle. La séparation d'avec la mère s'opère par à-coups entre quinze et trente mois, d'où une expérience répétée de l'angoisse qui s'inscrit dans la trame même du tissu psychique. La deuxième étape (celle de l'Acte) est marquée par un dressage sphinctérien précoce et sévère, développant pour ce qui concerne la pulsion d'emprise et l'Actepouvoir les caractéristiques particulières que nous avons décrites. En particulier, une duplication mère/fèces introduit l'excrément et les caractéristiques anales comme objets de transition (momentanés, ou bien définitifs dans le cas de l'obsessionnel qui fait de son environnement sa « chose ») entre Moi/non-Moi, sujet/objet, intérieur/extérieur. Des images parentales très individualisées sont intériorisées. Des défenses psychologiques presque uniquement intrapsychiques. Une individuation psychologique : le Je et non le Nous...

Bref, pour reprendre ce que j'écrivais ailleurs : « L'Occidental, calé sur ses trois zones érogènes, où est concentrée toute son érogénéité, équilibre pesamment ses investissements et ses décharges pulsionnelles. Il manque certes de grâce dans ce découpage à l'emporte-pièces par lequel la vie pour lui est délimitée avec précision dans l'espace-temps. Gauche, raide, homme du discontinu et de l'intériorité, de la rétention, du renfermement, de l'élaboration ou bien du dessèchement, il lui faut à tout prix maintenir son équilibre précaire en bougeant peu, coincé qu'il est entre les pesantes charges que sont ses personnages intérieurs et ses voraces et toujours frustrées zones érogènes.

« L'homme de l'extériorité (le Dogon, par exemple), lui, prenant comme axe mobile de sa personnalité le rythme global qui parcourt continûment un corps tout entier érogénéisé, prend ce corps comme balancier et, à condition que cette mobilité ne cesse pas, traverse la vie comme un danseur, sans laisser derrière lui nulle trace individualisée de son passage.

« L'homme de l'intériorité, calé sur ses trois grandes zones érogènes, moteurs qui lui fournissent une énergie trop riche. L'homme de l'extériorité prenant comme balancier au-dessus d'une mer pulsionnelle peu agitée l'axe de son corps global au niveau duquel l'énergie est aussi vite dépensée que créée [3]. »

Je ne vois rien à changer à cette description qui date maintenant de quinze ans, sinon, bien entendu, le remplacement des mots connotant la sexualité (« zones érogènes », etc.) par des termes définissant le plaisir (« zones hédogènes », « hédogénisation », « hédogénéité »).

Pour chaque civilisation, un accord profond, une combinaison intime s'établissent entre, d'une part, le pulsionnel, le Fantasme, l'Acte, et, d'autre part, la société et la culture ambiantes. Cet accord, cette combinaison régulent entre eux les grands rythmes psycho-affectifs, les complexes chaînes associatives de l'Inconscient, les activités et les décharges lors des réalisations individuelles et collectives dans la réalité extérieure.

Que se passe-t-il lors de la conquête d'un peuple par un autre peuple dont la culture est différente ? Qu'arrive-t-il lorsqu'une civilisation conquérante entend imposer sa marque propre, son identité ? L'histoire montre que la plupart des civilisations ainsi colonisées meurent. Certaines, pourtant, comme la civilisation celte, s'essaient à survivre. Il naît alors un être hybride, tel un arbre dont les racines et le tronc auraient perdu leur complémentarité originelle.

La civilisation celte fut, comme toutes celles connues, de type patriarcal : le pouvoir social appartenait aux hommes. Pourtant, comme l'a rappelé Jean Markale, le droit celtique accordait à la femme « des prérogatives qui auraient fait mourir d'envie les Romaines de la même époque [...], il existait un équilibre entre le rôle de l'homme et celui de la femme, équilibre qui n'était pas dû à une supériorité mais à une égalité dans laquelle chacun pouvait se sentir à l'aise [4] ».

3. *Anthropologie différentielle*, p. 12.
4. Jean MARKALE, *La Femme celte*.

Dans un tel schéma relativement égalitaire, le vivant contenu légué par la phase archaïque se trouvait moindrement verrouillée ; les deux imagos maternelles, l'archaïque et l'œdipienne, pouvaient assez largement communiquer (de manière générale, une telle communication ne serait-elle pas à l'origine de la « porosité » entre Inconscient et Conscient dont Freud reconnaissait la présence chez l'artiste ?).

Chez le garçon, rappelons-le, l'identification à la mère existe tout comme l'identification au père, même si cette forme finit généralement par prévaloir. Souvenons-nous pourtant du point décisif : l'Archaïsme (cet auto-hédonisme qui vise à la totalité du plaisir), s'il se voit socialement « attribué » à la mère, aux femmes, est pourtant originellement de chacun ; c'est seulement dans un temps second qu'il est, pour une part importante, arraché aux enfants mâles dans l'Occident classique pour devenir un attribut exclusivement féminin. Bien entendu, de nombreuses variantes existent. Dans la culture Dogon, son versant-plaisir est, on vient de le voir, non pas arraché, mais massivement *déplacé* de la mère vers le « groupe d'âge » des garçons ; seul le versant-déplaisir est « attribué » aux femmes.

Ainsi coupés psychologiquement et socialement de l'Archaïsme, le garçon, l'homme s'appauvrissent d'une part non négligeable d'eux-mêmes, celle-là dont l'artiste, le créateur tirent inspiration et créativité. Le Celte, de l'époque classique, lui, pour les raisons indiquées plus haut, communiquait plus librement avec l'Archaïsme en lui, d'où les traits (ce quelque chose « d'étrange et d'extrême [5] ») que lui connurent les peuples qui furent ses contemporains et ses voisins : un exceptionnel dynamisme vital, un rapport d'une intensité particulière à la vie et à la mort, la capacité à se mouvoir avec une aisance égale dans l'ici-bas et dans le monde du rêve, du fantasme, de la poésie. L'« atmosphère » socio-culturelle extérieure et le « poumon » psychique intérieur se trouvaient adaptés l'un à l'autre. Je m'explique : la religion, la culture, le droit, les mœurs, les rapports sociaux étaient tels qu'ils permettaient de canaliser, d'élaborer, d'utiliser la puissance qui, sinon, aurait été par trop excessive de l'Archaïsme.

Avec la colonisation se trouva atteint l'ensemble du milieu externe qui permettait ainsi d'adapter l'Archaïsme.

---

5. Maurice Le Lannou, *La Bretagne et les Bretons*, p. 12.

Ce qui demeure alors, dans la désorganisation intervenue entre dedans et dehors, c'est un Archaïsme peu et mal tempéré. Mais si la colonisation, en détruisant ce qui était de l'ordre du social, atteignit jusqu'aux racines de l'identité collective en s'attaquant, par exemple, à la langue, elle ne parvint pourtant pas à pénétrer suffisamment dans la sphère privée pour y substituer sa propre structure psychosociale. Si le social fut romanisé, le Père romain, lui, ne parvint jamais à coloniser l'âme celte.

Un équilibre avait disparu quand le jeune garçon celte dut dialoguer seul, en huis clos, avec l'Archaïsme en lui, en ne disposant pour tout moyen et comme seul *médium* que du « code » social et culturel (c'est-à-dire des représentations culturelles, des outils mentaux, des modèles de comportements sociaux) d'une civilisation étrangère. Un « code » construit dans la civilisation romaine non pour le dialogue avec l'Archaïsme, mais pour son bannissement, son interdiction et qui visait à la valorisation exclusive et hégémonique du Père. Le « poumon » psychique parfaitement adapté à une certaine « atmosphère » se trouvait transplanté dans un milieu qui était étranger à sa nature ; bien qu'atteint dans ses forces vives, il continua pourtant tant bien que mal à « respirer », à survivre. Telle serait, l'essence du drame breton, ce drame humain que reflète un trop riche cortège psychopathologique.

Le cas de figure de la civilisation celte acculturée, s'il ne subsiste tel que dans la Bretagne contemporaine, fut pourtant, comme l'indique Braudel, celui de la Gaule tout entière qui se trouva être romanisée de force avant que sa culture — celtique — ait pu porter tous ses fruits. A l'exception de la Bretagne, receltisée dès le Haut Moyen Age, partout ailleurs le Père romain, puis judéo-chrétien, s'installa à demeure dans l'âme individuelle et collective française, avec pourtant de notables différences selon les provinces.

Le cas de figure breton est complètement différent de celui dont il a été question déjà à plusieurs reprises dans ce livre et que nous avons développé en détail par ailleurs [6]. Ce dernier cas concerne le déclin de l'image du Père et l'affaiblissement du caractère patriarcal de la société en Europe occidentale

6. Au plan descriptif dans *La Révolte contre le Père* et sur un plan théorique dans la cinquième partie de *La Chasse structurale, loc. cit.*

depuis le XVIe siècle. Déclin et affaiblissement qui se sont accélérés dans les dernières décennies et qui seraient responsables, en particulier, des structures psychiques nouvelles que l'on observe sur les divans et dont beaucoup, je l'ai dit, ne correspondent plus à celles de la Vienne de l'Empire austro-hongrois telles que Freud a pu les connaître et les décrire.

Un tel déclin du Père en Europe occidentale — du Père religieux, social, familial, intrapsychique — serait à mettre en rapport avec le développement, depuis le XVIe siècle, de la société marchande, puis industrielle. La façon nouvelle de produire, en détruisant progressivement le tissu social traditionnel qui correspondait à la société patriarcale, a fini par affaiblir les imagos paternelles elles-mêmes à l'intérieur de la personnalité individuelle, avec certes le retard relatif qui est toujours celui des mentalités sur l'histoire.

Tel est, peut-on penser, le grand, l'immense problème — il n'est certes pas le seul problème — qui se trouve aujourd'hui posé à nos sociétés contemporaines. Comment renforcer, suffisamment, et d'une manière qui corresponde à ses nouvelles aspirations, l'individu d'aujourd'hui ? Un individu exposé à tous les dangers nés d'une individuation croissante qui le prive en partie de l'appui du groupe communautaire, alors que par ailleurs l'affaiblissement intérieur de l'image paternelle le laisse toujours davantage au contact de l'Archaïsme ?

Comment, en somme, aider à naître un individu qui soit *à la fois* égotiste et social, et apte à résoudre de manière démocratique les problèmes de la « société d'individus » vers laquelle nous nous dirigeons ?

Il peut sembler, tel est en tout cas ce que paraît montrer l'expérience en ce domaine, qu'un meilleur contrôle par chacun de ses actes professionnels et sociaux et de leur pouvoir, qu'une maîtrise plus grande de l'Actepouvoir individuel et collectif exercent un tel effet de renforcement de la personnalité individuelle.

Ce grand problème de l'époque — comment des individus *à la fois* égotistes et sociaux ? —, ce problème pour lequel il est certainement bien des voies d'approche n'est pas le sujet principal du présent livre. J'ai voulu seulement essayer de montrer ici comment, parce qu'elle est bloquée par les deux postulats de la « biologie freudienne », la théorie psychanalytique dans sa forme actuelle, se trouve, pour ce qui la concerne, dans l'impossibilité d'aborder un tel problème, voire de simplement en reconnaître l'existence.

19

La psychanalyse n'est pas toute la psychologie

> « Ne dit-on pas souvent des psychanalystes que, bons connaisseurs de l'inconscient, ils sont mauvais juges du moi des patients ? Un fait tend à justifier en partie ce reproche : peu d'occasions d'observer en action la totalité du moi du patient s'offrent à l'analyste. »
>
> Anna FREUD [1].

Si l'on considère, ainsi que nous venons de le faire, que le cerveau humain est programmé par une combinaison de facteurs pulsionnels et socio-culturels, dans quelle mesure, alors, y a-t-il ou non rupture avec la théorie freudienne ? Il nous semble que la question se pose bien davantage pour ce qui concerne l'influence de la socio-culture que pour la pulsion. L'hypothèse elle-même, telle que nous l'avons développée, d'une pulsion de plaisir à laquelle s'opposerait la mémoire des déplaisirs ne paraît pas altérer fondamentalement la construction freudienne.

En revanche, l'interrogation à propos d'une éventuelle rupture se pose de façon beaucoup plus aiguë si l'on entend mettre la société, la culture, l'histoire, en lieu et place des caractères psychiques héréditaires. Une telle substitution touche-t-elle uniquement dans la théorie à l'évolutivité des contenus, qu'elle permettrait, ou bien atteint-elle la structure elle-même ? Avant d'essayer de répondre à une telle question, voyons quelles perspectives, quelles modifications, interviennent avec cette substitution.

1. Anna FREUD, *Le Moi et les mécanismes de défenses*, p. 20.

Nous avons déjà observé que la formule d'une *biologisation de la culture et de la société* résumait assez exactement la réalité de la phylogenèse psychique de Freud. Les conséquences d'une telle biologisation nous paraissent être au nombre de quatre, mais aucune d'entre elles, nous semble-t-il, ne touche vraiment à la structure interne de la théorie psychanalytique. Ces quatre conséquences : des extrapolations abusives, une idéologisation néfaste, une conception de la société et de l'homme allant dans le sens du conservatisme, et surtout peut-être la limitation réductrice du champ de la psychologie. Examinons les toutes quatre.

N'insistons pas sur les extrapolations abusives. Elles sont évidentes lorsque, déclarant que la « sociologie n'est que de la psychologie appliquée », faisant fi de la spécificité du social, de l'économique, et de leurs logiques propres, Freud « psychologise » l'histoire, la religion, l'ensemble du fait social.

Une telle « psychologisation » crée par elle-même les conditions de la formation d'une idéologie. Je veux dire que, niant le rôle particulier du social et faisant ainsi disparaître tout un volet — et non le moindre — de la réalité extérieure, la psychanalyse présente alors du réel une version tronquée et donc de nature idéologique, cela non sans conséquences graves [2]. Nous avons dans d'autres textes montré comment, par le fait même qu'elle excluait la dimension sociale (qui n'existe ni en droit ni en fait pour elle), une telle vision désocialisée (et déréalisante) est inséparable de toute application de la psychanalyse au champ social [3]. Il est, par exemple, assez remarquable que, bien qu'ils aient vécu sur les lieux mêmes du drame, ni les psychanalystes allemands et autrichiens, ni Freud lui-même n'ont compris la nature et la réalité du nazisme. Les seules tentatives d'approche ont été le fait de psychanalystes non orthodoxes — Wilhelm Reich avec la *Psychologie de masse du fascisme* et Erich Fromm avec la *Peur de la liberté* — qui

2. Tel n'est plus nécessairement le cas lorsque le psychanalyste pratique réellement une seconde discipline et essaie d'articuler ses deux champs d'activité sans réduction de l'un à l'autre. Cf., par exemple, le livre de l'ethnopsychanalyste Tobie NATHAN, *La Folie des autres*, 1986.

3. Cf. « Psychanalyse et société », *En Jeu*, n° 2, mai 1983, et « L'institution et les processus inconscients », *Les Cahiers de l'Institut des psychologues cliniciens*, novembre 1986. Cf. également Michel LEGRAND, *Psychanalyse, science, société*, éd. Mardaga, 1983.

acceptaient de prendre en considération des facteurs autres que seulement psychologiques.

Comment, en effet, espérer penser une réalité à la fois psychologique et sociale à l'aide d'une théorie pour laquelle, nous l'avons vu, à peu près tout ce qui peut arriver est déjà écrit à l'avance (dans les gènes) et pour laquelle ce qui reste encore éventuellement à venir de neuf ne dépend pas d'une action humaine collective mais de l'« immortel combat » d'Éros et de Thanatos ? Nous avons signalé à quelle cohérence quasi parfaite parvenait la phylogenèse freudienne : nature humaine transhistorique, Inconscient invariant, complexe d'Œdipe invariable, biologisation de la culture et du social...

Le remplacement des caractères psychiques héréditaires par le fait social et culturel amène-t-il ou non une rupture avec la théorie freudienne ?

Pour répondre à une telle question, il faut d'abord rechercher quelles seraient les implications d'une débiologisation et d'une resocialisation de la culture et du social. En l'occurrence, le complexe d'Œdipe apparaît comme étant un lieu tout à fait privilégié d'observation dans la mesure où il se présente comme un centre géométrique vers lequel convergent les divers jeux de forces que prend en compte la théorie psychanalytique. Développons le scénario d'une substitution du socio-culturel à la phylogenèse pour voir jusqu'où une telle substitution peut conduire.

La spécificité du complexe d'Œdipe réside selon nous dans le fait que, avec lui, se réaliserait une *crise d'identité sexuée* rendue inévitable au moment de la perception de la différence des sexes par la réalité de la possession d'un sexe anatomique unique. Une telle unicité de fait s'oppose à un autre fait, celui des identifications doubles, maternelle et paternelle, féminine et masculine. Mais autant ce qui concerne la réalité du sexe anatomique est clair à la conscience, autant en revanche le fait des identifications appartient, pour l'essentiel, au registre inconscient. On conçoit aisément toutes les conséquences auxquelles peut conduire cette situation et qui vont (exceptionnellement) jusqu'au refus pur et simple du sexe anatomique dans le transsexualisme, ou bien plus fréquemment, qui portent sur la négation de l'identité sexuée selon le sexe anatomique dans l'homosexualité.

Le problème est rendu encore plus compliqué par le fait des

grandes variations individuelles de l'identification à l'un ou à l'autre parent. Ces variations ne dépendent pas seulement en effet de l'identité sexuée anatomique mais aussi de la personnalité respective des parents, de la place que ceux-ci ont occupée auprès de l'enfant, de la force innée des besoins de celui-ci. Par ailleurs, des fixations archaïques (orales) puissantes — qu'elles soient en rapport avec un excès de plaisir ou, à l'inverse, de déplaisir — n'entraînent pas seulement une identification particulière à la mère, mais, parce qu'il s'agit ici non de la mère œdipienne mais de la mère archaïque, elles opèrent une brèche dans le système de verrouillage de l'Archaïsme. On ne peut ainsi que souscrire au jugement de Freud selon lequel avec le complexe d'Œdipe « culmine la sexualité infantile » — ou plutôt, dans la perspective où nous nous situons, sinon la sexualité infantile, du moins l'ensemble des processus pulsionnels, contrapulsionnels, identificatoires, qui le précèdent.

Les conflits psychiques inconscients auxquels le complexe d'Œdipe donne lieu portent, d'une part, sur des représentations et, d'autre part, sur des charges d'affects. Faut-il, alors, réduire ces représentations à la triangulation particulière qui est celle du père autoritaire judéo-chrétien, de la mère « soumise », et de l'enfant identifié à l'un et à l'autre ? Nous avons montré dans le chapitre précédent combien et comment les éléments de la triangulation pouvaient varier selon les cultures. Il ne s'agit plus là, comme le proposait Jones dans sa polémique célèbre avec Malinowski, de remplacer le père judéo-chrétien par un porteur de l'autorité nominalement différent mais en tous points équivalents — tel, par exemple, l'oncle maternel —, mais bien de tenir compte, nous l'avons vu, de différences significatives dans les contenus même des pôles de la triangulation, différences introduisant à de vraies modifications dans la structure profonde de la personnalité. Quand il s'agit, comme dans l'exemple des Dogons, d'une identification collective du groupe des garçons au groupe des hommes succédant à un déplacement massif des plaisirs archaïques vers le « groupe d'âge », quand sont différents la structure de l'archaïsme, la sortie hors de l'archaïsme, le mode de résolution des conflits, l'importance du Moi de groupe post-œdipien, on peut penser qu'il s'agit là de variation dont l'ampleur relativise l'universalité postulée de l'« homme freudien » de la Vienne impériale.

On peut ainsi saisir facilement comment les représentations sur lesquelles portent les contradictions et les conflits propres au complexe d'Œdipe sont fondamentalement influencées par la socio-culture et par l'histoire. Aussi bien le père judéo-chrétien et la femme soumise de la civilisation occidentale traditionnelle en voie de déclin, que le père et la mère celtes, que les porteurs collectifs de la triangulation œdipienne Dogon sont, dans leurs particularités, des produits d'une contingence historique.

La société intervient directement et indirectement de multiples manières pour amener un dénouement œdipien qui soit conforme à ses propres besoins à elle : à savoir, assurer la stabilité sociale, verrouiller l'Archaïsme, garantir la reproduction biologique de la société. Nous avons vu comment les sociétés patriarcales avaient su manipuler le fait de la différence anatomique des sexes pour attribuer le contenu de la première phase du développement de l'enfant aux femmes, et celui de la deuxième phase aux hommes. Qui sait même si l'unicité (relative) habituelle du sexe psychique définitif n'est pas d'origine exclusivement socio-culturelle, et si, en l'absence de la considérable pression familiale et sociale qui s'exerce sur l'enfant et l'adolescent, la bisexualité psychique — et agie — ne serait pas la règle commune ?

On voit donc à quel point la substitution de la socio-culture à la phylogenèse modifie la manière de considérer le complexe d'Œdipe. Et pourtant nous ne pensons pas que, pour autant, la structure interne de la construction freudienne se trouve atteinte au point d'être radicalement modifiée.

Soyons plus précis. On vient de voir à l'instant de quelle manière la substitution du fait social et culturel à la phylogenèse modifie le complexe d'Œdipe dans ses contenus. S'agit-il là d'une atteinte à la structure interne de la construction freudienne qui soit telle qu'il faille parler de rupture ? Ou bien cette substitution ne fait-elle que lever l'obstacle qui empêcherait la théorie et son contenu d'évoluer ? Il paraît difficile de se prononcer, et peut-être d'ailleurs la chose n'est-elle pas tellement souhaitable pour ce qui concerne le moment présent. En la matière le temps est le grand juge, lui qui permettra d'accumuler les observations prenant en compte dans leur richesse et leur diversité, et avec toutes leurs nuances, les conséquences de l'action du fait social et culturel sur le fonctionnement psycho-affectif individuel et collectif. C'est peut-être ici le regard de l'observateur qui a à changer bien davantage que la théorie elle-même.

Il ne faudrait pas croire, en effet, que tout devienne possible pour l'être humain dans une perspective non fixiste de la réalité psychique, que tout puisse être en ce cas espéré, attendu. Cette réalité restera quand même soumise à de lourdes contraintes, tout au moins à vue humaine. En tant qu'entités permanentes, le conflit, la culpabilité continueront d'exercer leur influence. Par ailleurs, comment concevoir (ne serait-ce qu'au seul plan de l'idée) un être humain qui échapperait à l'immaturité biologique de la période post-natale, à cette immaturité à l'origine de la formation d'une phase psychique archaïque, fantasmatique, laquelle donne à l'Inconscient humain ses caractères si particuliers ?

Ce n'est certes pas rien que l'esprit humain débute après la naissance avec deux traits qui vont hypothéquer fondamentalement tout rapport ultérieur à la réalité objective.

Le premier de ces traits est, devant les frustrations et les tensions, le frayage d'une voie qui mène non vers le travail sur les causes mais qui conduit tout au contraire à l'évitement systématique des conséquences, au camouflage de l'insatisfaction. L'appel aux souvenirs de plaisirs (le désir) fonctionne en effet comme création de leurres et, dans ce système auto-leurrant, la subjectivité cherche (et réussit) à écraser l'objectivité, et l'irrationalité à exclure la rationalité. Certes il ne peut en être autrement dans les premiers mois de la vie chez un être qui, en raison de l'immaturité biologique de l'espèce, est totalement impuissant à subvenir par lui-même à ses besoins et à développer une activité volontaire et efficace. Mais, à cause de ce début dans la vie, le premier (et quelquefois le seul) mouvement intérieur chez l'adulte exposé à la frustration et à la tension sera celui d'une haine et d'un refus du réel, dont la conséquence parfaitement irrationnelle sera l'appel au leurre individuel ou collectif. La raison n'est jamais, pour personne, un « donné », elle est une victoire sur les tendances les plus profondes, une victoire perpétuellement remise en question et qui, en tout état de cause, reste fragile et limitée. En ce sens, l'exemple de Freud et de sa dérive cosmogonique est à méditer. Par bonheur, il est pourtant un domaine dans lequel l'auto-hédonisme psychique et le narcissisme fantasmatique peuvent, doivent régner en maîtres, et qui est celui de l'art. Qui y fait son plein de plaisir (fantasmatique) est peut-être moins tenté d'adopter pour ailleurs et par ailleurs la « politique de l'autruche » qui représente la tendance dominante de l'être humain.

Le second des traits humains originels tient au fait que tout désir est un désir du passé et que son véritable contenu, le contenu latent, dissimulé plus ou moins habilement sous l'habillage des contenus manifestes, est lié au temps de l'enfance et restera pour l'essentiel inaccessible à la conscience. Étant entendu que le dynamisme foncier de la personnalité, que son élan le plus authentique proviennent eux aussi de ces mêmes couches irrationnelles. La rationalité humaine ne peut que prendre exemple sur le judoka qui, dans la compétition, s'oblige à compter avant tout sur l'utilisation de la force de l'adversaire.

Parvenir à reconnaître la place de la société et de la culture comme facteurs de transformation de la personnalité humaine suppose qu'un certain nombre de conditions soient remplies, qui ne dépendent pas toutes de la psychanalyse.

En effet, pour articuler heureusement deux champs disciplinaires — ici la psychanalyse et la sociologie —, pour travailler utilement sur leurs interfaces, faut-il encore que les deux disciplines soient parvenues à des étapes sensiblement comparables de leur évolution. C'est très loin d'être le cas ici. Avec la psychanalyse, la psychologie est passée de la préhistoire à l'histoire, mais la sociologie clinique et théorique en est toujours, quant à elle, à sa préhistoire. D'une certaine manière, elle paraît être parvenue aujourd'hui à une phase assez comparable à celle que traversa la psychologie à l'époque du magnétisme animal. En ce cas, que de chemin encore il lui resterait à parcourir !

Il ne suffit certainement pas qu'un psychanalyste éprouve de l'intérêt pour le domaine social pour que ce qu'il dira soit autre chose qu'une simple psychologisation de ce social, c'est-à-dire l'annulation pure et simple de ce qu'il y a de spécifique dans le social. Il en va exactement de même pour le sociologue qui aurait du goût pour la psychanalyse.

Le degré de développement inégal de la psychanalyse et de

la sociologie est responsable d'un phénomène qui, sinon, resterait inexplicable. En effet, grâce à Freud, nous savons à peu près comment dans l'individu adulte s'est formé durant l'enfance un certain type de personnalité, qu'on peut nommer psychofamiliale. Cette personnalité, grâce à la régression induite par le processus spontané qui se déroule pendant la cure, on peut sur le divan en analyser les composantes. La cure, en ce sens, est la seule vraie « machine à remonter le temps ». Mais si, grâce à la psychanalyse, l'on peut ainsi observer ici et maintenant dans le présent un passé venu de l'enfance et toujours ô combien actif, on ne dispose pas à l'heure actuelle d'une méthode qui permettrait d'observer avec la même rigueur comment, chez le même individu adulte, dans le présent et à partir du présent, la société et la culture actuelles « fabriquent » et remanient les éléments d'une personnalité autre que la psychofamiliale et qu'on peut, par exemple, nommer psychosociale. Tel est le paradoxe : on connaît mieux l'action psychologique d'un passé dont les conditions de production (l'enfance, la famille) ont aujourd'hui disparu, que l'action d'un présent social et culturel, en droit directement observable et, en fait, en train d'agir psychologiquement sous nos yeux.

Plusieurs courants de recherche, dont le nôtre depuis vingt ans [4], s'essaient à remédier à cet état de choses. Mais cela est une autre histoire.

---

4. On pourra consulter, sur un plan clinique, les 8 volumes de *Sociopsychanalyse* (Payot) parus depuis 1972 et, au plan théorique, *La crise est politique, la politique est en crise*, 1985.

Annexes

Nous avons réuni ici certaines des citations de Freud utilisées ou non dans le texte et concernant les deux postulats de la « biologie freudienne » : la sexualité généralisée et l'hérédité des caractères psychiques acquis

L'hérédité des caractères psychiques acquis

« Au cours de cette période de latence totale ou seulement partielle, s'édifient les forces psychiques qui se dresseront plus tard comme des obstacles sur la voie de la pulsion sexuelle et qui, telles des digues, resserreront son cours (le dégoût, la fadeur, les aspirations idéales esthétiques et morales). Devant l'enfant de la civilisation, on éprouve le sentiment que l'édification de ces digues est l'œuvre de l'éducation, et il est certain que l'éducation y contribue largement. En réalité, cette évolution est organiquement déterminée, héréditairement fixée et peut à l'occasion s'effectuer sans le moindre concours de l'éducation. L'éducation reste entièrement dans le domaine qui lui a été assigné, lorsqu'elle se borne à suivre les lignes tracées organiquement et à leur imprimer une forme plus nette et plus profonde. »

Trois essais sur la théorie sexuelle, 1905, p. 100.

« D'où vient le besoin pour ces fantasmes et le matériel pour eux ? Il n'y a pas de doute que leurs sources se tiennent dans les instincts ; mais il reste encore à expliquer pourquoi ce sont les mêmes fantasmes avec le même contenu qui sont créés en toute occasion. Je suis préparé à une réponse qui, je le sais, vous apparaîtra comme une sorte de provocation. Je crois que les fantasmes primaires *(primal phantasies)*, comme je les nomme, sont une dotation phylogénétique. En eux l'individu atteint, au-delà de sa propre expérience, à l'expérience primitive sur des points où sa propre expérience a été trop rudimentaire. Il me paraît tout à fait possible que toutes les choses qui nous sont racontées aujourd'hui dans l'analyse comme des fantasmes — la séduction des enfants, l'enflammage de l'excitation sexuelle par l'observation des rapports sexuels parentaux, l'angoisse de castration (ou plutôt la castration elle-même) — étaient jadis des événements réels dans les temps primitifs de la famille humaine, et que les enfants dans leurs fantasmes remplissent simplement les failles dans la vérité individuelle avec une vérité préhistorique. J'ai été répétitivement conduit à soupçonner que la psychologie des névroses a amassé en elle à partir des antiquités du développement humain plus que d'aucune autre source. »

Introduction à la psychanalyse, 1916-1917, Std. Ed., 16, p. 37.

« Je serais moi-même content de savoir si la "scène primitive" dans le cas du présent patient [l'homme aux loups] était un fantasme ou une expérience réelle ; mais, prenant en compte d'autres cas similaires, je dois admettre qu'en fait la réponse à cette question n'est pas une matière de grande importance. Ces scènes où les rapports sexuels des parents sont observés, de séduction pendant l'enfance, ou d'angoisse de la castration, sont incontestablement une dotation héritée, un héritage phylogénétique, mais elles peuvent aussi aisément être acquises par l'expérience individuelle. »

L'Homme aux loups, 1918, Std. Ed., 17, p. 97.

« De cette manière, le complexe d'Œdipe en viendrait à être détruit en raison de son manque de succès, en raison des effets de son impossibilité intrinsèque.

« Selon une autre vue, le complexe d'Œdipe doit s'évanouir parce que le temps est venu qu'il se désintègre, tout de même que les dents de lait doivent tomber pour laisser pousser les dents permanentes. Bien que la majorité des êtres humains traversent le complexe d'Œdipe comme une expérience individuelle, c'est pourtant un phénomène qui est déterminé et conduit par l'hérédité et qui est amené à se dissoudre selon le programme fixé quand la phase suivante du développement prescrit s'installe [...].
« La justesse de ces deux vues [ontogénétique et phylogénétique] peut être discutée. D'ailleurs, elles sont compatibles. Il y a place pour la perspective ontogénétique à côté de celle phylogénétique qui va beaucoup plus loin. [...] Néanmoins, il demeure intéressant de rechercher comment le programme inné se déroule et de quelle manière les incidents fortuits exploitent ses dispositions. »

La Dissolution du complexe d'Œdipe, 1924, Std. Ed., 19, p. 174.

« Cela n'implique pas que l'anxiété occupe une position exceptionnelle parmi les affects. Selon mon opinion, les autres affects reproduisent également des expériences d'importance vitale très précoces et peut-être même pré-individuelles ; et je serais incliné à les regarder comme des attaques hystériques universelles, typiques et innées [...]. »

Inhibition, symptôme, angoisse, 1926, Std. Ed., 20, p. 133.

« Le fondement phylogénétique prédomine à tel point sur les facteurs personnels, accidentels, qu'il importe peu que l'enfant ait réellement tété sa mère ou qu'il ait été nourri au biberon [...] Il se peut même que la nostalgie [du sein] n'en soit ultérieurement que plus forte dans le second cas. »

Abrégé de psychanalyse, 1938, p. 60.

« Le rêve fait, en outre, surgir des matériaux qui n'appartiennent ni à la vie adulte ni à l'enfance du rêveur. Il faut donc considérer ces matériaux-là comme faisant partie de l'héritage *archaïque*, résultat de l'expérience des aïeux, que l'enfant apporte en naissant, avant même d'avoir commencé à vivre. »

Abrégé de psychanalyse, p. 30.

« Il est possible que l'extraordinaire terreur provoquée par cette menace [de castration] soit, en partie, due à une trace mnémonique phylogénétique, souvenir de l'époque préhistorique où le père jaloux enlevait réellement à son fils ses organes génitaux quand il le considérait comme un rival auprès d'une femme. »

Abrégé de psychanalyse, p. 62.

« Ma position, sans nul doute, est rendue plus difficile par l'attitude actuelle de la science biologique qui refuse d'entendre parler de l'hérédité de caractères acquis lors de la succession des générations. Je dois cependant confesser en toute modestie que je ne puis pourtant me passer dans ma théorie de ces facteurs d'évolution biologique [...] Cette évidence [de la phylogenèse] nous semble suffisamment forte pour postuler son existence. Si tel n'était pas le cas, nous n'avancerions pas d'un pas dans le chemin où nous sommes entrés, que ce soit en analyse ou dans la psychologie de groupe. L'audace ne peut pas être évitée. »

Moïse et le monothéisme, 1939, Std. Ed., 23, p. 100.

La sexualité organique élargie

« Car les glandes sexuelles ne font pas la sexualité [...]. »

Trois essais sur la théorie sexuelle.

« De plus amples réflexions [...] conduisent à attribuer à toutes les parties du corps et à tous les organes internes la qualité de zone érogène. »

Trois essais sur la théorie sexuelle, p. 108.

« [...] Nous devons nous rappeler que toutes nos conceptions provisoires en psychologie devront, de manière présumable, être basées un jour sur des fondements organiques. Cela rend probable l'idée que ce sont des substances particulières et des processus chimiques qui produisent les effets de la sexualité et permettent le prolongement de la vie de l'individu dans celle de l'espèce. Nous prenons en compte une telle probabilité en remplaçant les substances chimiques particulières par des forces psychiques particulières. »

Pour introduire le narcissisme, 1914, Std. Ed., 14, p. 78.

« Touchant la caractéristique générale des pulsions sexuelles, voici ce que l'on peut dire : elles sont nombreuses, issues de sources organiques multiples, elles se manifestent d'abord indépendamment les unes des autres et ne sont rassemblées en une synthèse plus ou moins complète que tardivement. Le but que chacune d'elles poursuit est *le plaisir d'organe* ; c'est seulement la synthèse une fois accomplie qu'elles entrent au service de la *fonction de reproduction*, et c'est ainsi qu'elles se font alors généralement connaître comme "pulsions sexuelles". »

Métapsychologie, 1915, p. 24.

« Vous ne devez pas oublier que pour l'heure nous ne sommes en possession d'aucun critère reconnu de la nature sexuelle d'un processus, à part une fois de plus celui de la reproduction que nous devons rejeter pour son étroitesse d'esprit [...].
« Les caractéristiques chimiques du processus sexuel, que nous pouvons soupçonner, attendent encore d'être découvertes. »

Introduction à la psychanalyse, 1916-1917, p. 320.

« Ajoutons ici quelques mots pour éclaircir notre terminologie qui, au cours de nos considérations, a connu une certaine évolution. Ce que sont les "pulsions sexuelles", nous le savions par leur relation aux sexes et à la fonction de reproduction. Nous conservâmes ensuite cette dénomination lorsque les résultats acquis par la psychanalyse nous obligèrent à rendre plus lâche la relation des pulsions sexuelles à la fonction de la reproduction. En instaurant la notion de libido sexuelle et en étendant le concept de libido aux cellules individuelles, nous vîmes la pulsion sexuelle se transformer en Éros qui cherche à provoquer et à maintenir la cohésion des parties de la substance vivante ; nous fûmes amené à considérer ce qu'on appelle communément pulsions sexuelles comme cette part d'Éros qui est tournée vers l'objet. La spéculation nous conduit à admettre que cet Éros est à l'œuvre dès le début de la vie et qu'il entre en opposition comme "pulsion de vie" à la "pulsion de mort" qui est apparue du fait que la substance anorganique a pris vie. Nous tentons ainsi de résoudre l'énigme de la vie en faisant l'hypothèse de ces deux pulsions l'une contre l'autre dès les origines. »

Au-delà du principe de plaisir, 1920, p. 110.

« Qu'il nous suffise de retenir, comme ce qui nous paraît essentiel dans cette conception des processus sexuels, l'hypothèse de substances particulières dérivant du métabolisme sexuel. Car cette thèse apparemment arbitraire est soutenue par un fait auquel on a accordé peu d'intérêt mais qui mérite néanmoins la plus grande attention. Les névroses, qui ne peuvent être imputées qu'à des troubles de la vie sexuelle, présentent la plus grande ressemblance clinique avec les phénomènes de l'intoxication et de l'état de manque résultant de l'ingestion habituelle de substances toxiques (alcaloïdes) qui procurent du plaisir. »

Trois essais sur la théorie sexuelle, 1920, p. 156.

« Compte tenu de la connexion intime entre les choses que nous différencions comme physiques et mentales, nous devons envisager le jour où les chemins de la connaissance et, espérons-le, du traitement deviendront ouverts, conduisant de la biologie organique et de la chimie au champ des phénomènes névrotiques. Ce jour paraît encore éloigné et, pour le moment, ces maladies restent inaccessibles à la médecine. »

La question de l'analyse laïque, 1926, Std. Ed., 20, p. 231.

« Voici les résultats obtenus (par la psychanalyse) :
a) La vie sexuelle ne commence pas à la puberté, mais se manifeste clairement très tôt après la naissance.

b) Il convient de bien différencier les concepts de sexuel et de génital. Le mot sexuel a un sens bien plus étendu et embrasse nombre d'activités sans rapports avec les organes génitaux.
c) La vie sexuelle comprend la fonction qui permet d'obtenir du plaisir à partir de diverses zones du corps ; cette fonction doit ultérieurement être mise au service de la reproduction. Toutefois ces deux fonctions ne coïncident pas toujours totalement.
La première assertion, la plus inattendue de toutes, est aussi celle qui mérite de susciter le plus grand intérêt. »

Abrégé de psychanalyse, 1938, p. 13.

« Puisque le besoin de suçoter chez le nourrisson tend à engendrer du plaisir, il peut et il doit être dit sexuel. »

Abrégé de psychanalyse, 1938, p. 14.

Table

Ouvertures 7

I. Entreprise de déconstruction

1. Les deux postulats biologiques de Freud 19
2. Les deux postulats et le mécanisme de l'interposition chez Freud 31
3. Les deux postulats contre le complexe d'Œdipe . 40
4. Une étrange cosmogonie 46
5. S'ouvre la sombre période 51
6. Critique de la notion de « nature humaine » chez Freud 65
7. Critique du déterminisme intégral de Freud, ou : à quoi bon la cure ? 71
8. Les analysants d'aujourd'hui ne sont plus ceux du temps de Freud 80
9. La mentalité fakiriste du psychanalyste contemporain 89

II. Tentative de reconstruction

10. Ce qu'est la sexualité humaine 97
11. La pulsion sexuelle chez Freud 107
12. Où une pulsion de plaisir se substitue à la pulsion sexuelle 113

13. Fantasme, affect et plaisir 123
14. Compulsion de répétition et mémoire contraignante 137
15. Pulsion d'emprise et Actepouvoir 147
16. Le complexe d'Œdipe : une « crise d'identité sexuée » 155
17. A propos de l'Instinct de mort 168
18. Il n'est pas de « nature humaine » 180
19. La psychanalyse n'est pas toute la psychologie .. 190

Annexes 198

Composition Facompo, Lisieux (Calvados)
Achevé d'imprimer en avril 1988
sur les presses de la SEPC, Saint-Amand (Cher)
Dépôt légal : avril 1988
Numéro d'imprimeur : 866
Premier tirage : 5 000 exemplaires
ISBN 2-7071-1756-0